So sind sie, die

Niederländer

Rodney Bolt

Die Fremdenversteher

Impressum

Rodney Bolt
So sind sie, die Niederländer

erschienen im
Reise Know-How Verlag Peter Rump GmbH
Osnabrücker Str. 79, 33649 Bielefeld

1. Auflage 2017

Titel der englischen Originalausgabe:
Xenophobe's® guide to The Dutch

Deutsch von Alexander Schwarz

Gestaltung
Umschlag: Franziska Feldmann (Layout), der Verlag (Realisierung)
Inhalt: Günter Pawlak, FaktorZwo (Layout), der Verlag (Realisierung)
Zeichnungen: Gunda Urban und Franziska Feldmann

Lektorat: amundo media
Redaktion: Thorsten Altheide

Druck und Bindung:
Media-Print, Paderborn

Printed in Germany

ISBN 978-3-8317-2874-9
ISBN epub 978-3-8317-4857-0
ISBN mobi 978-3-8317-4858-7

Dieses Buch ist erhältlich in jeder Buchhandlung Deutschlands, der Schweiz und Österreichs:
Bitte informieren Sie Ihren Buchhändler über folgende Bezugsadressen:
Deutschland
Prolit GmbH, Postfach 9, D-35461 Fernwald (Annerod) sowie alle Barsortimente
Schweiz
AVA Verlagsauslieferung AG, Centralweg 16, CH-8910 Affoltern am Albis
Österreich
Mohr Morawa Buchvertrieb GmbH, Sulzengasse 2, A-1230 Wien

Wer im Buchhandel trotzdem kein Glück hat, bekommt unsere Bücher auch über:
www.reise-know-how.de

Inhalt

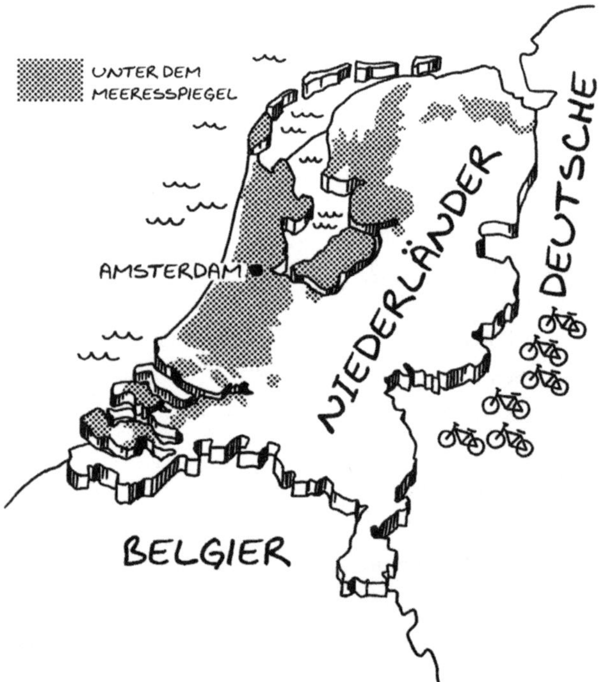

Die niederländische Bevölkerung zählt 16,8 Millionen Menschen – verglichen mit 5,5 Millionen Dänen, 5 Millionen Schotten, 11 Millionen Belgiern, 47 Millionen Spaniern, 54 Millionen Engländern, 66 Millionen Franzosen, 81 Millionen Deutschen und 321 Millionen Amerikanern.

Die Niederlande sind halb so groß wie Schottland, nicht ganz so groß wie Dänemark und passen zwölfmal in Spanien.

Nationalismus & Identität

Vorwarnung

Der niederländische Charakter ist untrennbar mit der niederländischen Landschaft verbunden. Die Niederlande sind so flach, dass selbst die schwarz-weißen Kühe als Silhouette am Horizont hervorstechen. Dementsprechend sind die Niederländer weite Horizonte und jede Menge Licht gewöhnt. Offenheit, Freiheit und Sicht sind fundamental. In einem Wald könnten wohl nur wenige Niederländer glücklich leben. Als einer der berühmtesten Romanciers der Niederlande seinen Eltern zu ihrem 50. Ehejubiläum ihre erste Reise in die Schweiz schenkte, war er doch sehr überrascht, als diese nach nur zwei Tagen wieder zu Hause waren. Seine Mutter war tief enttäuscht. Sie hätte von ihrem Hotelzimmer keine Aussicht gehabt, erklärte sie, es seien Berge im Weg gewesen.

›› Die niederländische Landschaft ist sanft und ereignislos.

Die niederländische Landschaft ist sanft und ereignislos. Eindringlinge, wie etwa Bäume, treten in ordentlichen Linien und Mustern auf. Wasser, welches das gesamte Land zu überschwemmen droht, wird ordentlich in kerzengerade Kanälen gelenkt. Kontrolle und Mäßigung stellen auch wichtige Verhaltensrichtlinien dar. „Hohe Bäume fangen viel Wind“, warnen die Niederländer. Sie beschreiben Übermaß in Worten wie *overvloed* („Überflut“) – als ob Wassermassen zum Deichbruch geführt hätten. In den Niederlanden verpulvern verschwenderische Leute ihr Geld nicht, sie „verschütten es“.

Die Niederlande sind hell, aber sie leuchten nicht – sie sind eher eine Welt aus grünen, grauen und braunen Farbtönen. Dieses Farbschema wiederholt sich in den Städten, in denen die Gebäude vor allem aus braunem Backstein sind und örtliche Bestimmungen oftmals vorschreiben, dass Einwohner ihre Türen alle in demselben Grünton streichen müssen. Als Van Gogh sein Heimatland verließ und in die leuchtenderen, hügeligeren Regionen Südfrankreichs zog, malte er nicht mehr in den gemütlichen, schweren Brauntönen der „Kartoffelesser", sondern wandte sich knallbunten Farbtönen zu – und wurde verrückt.

» Die Niederlande sind hell, aber sie leuchten nicht.

Wie sie sich selbst sehen

Vom Komfort ihrer makellosen Wohnzimmer aus würden die Niederländer wohl zustimmen, dass sie das sauberste Volk der Welt sind, sparsam und pfiffige Geschäftsleute, dass sie eine beispiellose Gewandtheit haben, wenn es um Sprachen geht, eine unerreichte Fähigkeit besitzen, miteinander auszukommen, und sie einen unnachahmlichen Charme an den Tag legen. Sie sind aber, außer man drängt sie, viel zu bescheiden, um öffentlich zu bekennen, dass sie all dies schon ein wenig über andere Nationen erhebt.

Stolz sind die Niederländer vor allem auf ihre Toleranz und Flexibilität. Qualitäten, die, zusätzlich zu dem moralischen Ansehen, das sie genießen, gut fürs Geschäft sind. Das Laken der Mildtätigkeit ist beileibe kein wollig liberales, sondern wird von einem gesunden Handelsgeist gewebt. Es ist dick genug, um kleinliche Unstimmigkeiten, wie ein geheimes Misstrauen gegenüber Marokkanern, eine Abneigung gegen fremdartige Küchengerüche aus der Wohnung einen Stock tiefer oder die Wut über Ausländer, die unfachmännisch auf Fahrrädern herumeiern und den Weg für andere blockieren, zu überdecken.

Wie andere sie sehen

Die meisten Nationen betrachten die Niederländer als organisiert und effizient – ähnlich den Deutschen, nur nicht so beeindruckend. Man kann sich kaum fürchten, so wird argumentiert, vor einer Nation rotwangiger Bauern, die in Windmühlen leben und Holzschuhe im Eingangsbereich ihrer Wohnung stehen, Tulpen im Garten und Stapel runder Käse in der Vorratskammer liegen haben.

» Die Niederländer haben den Ruf, eigensinnig, dickköpfig und unverbesserlich fies zu sein.

Die Niederländer haben aber auch den Ruf, eigensinnig, dickköpfig und unverbesserlich fies zu sein. Die Belgier gehen sogar noch weiter und beklagen sich, dass sich ihre Nachbarn beim Geschäftemachen regelrecht hinterhältig benehmen. Im Allgemeinen aber sehen andere Nationen sie als beängstigend direkt. Die niederländische Offenheit ist geradezu überwältigend für zurückhaltendere Völker wie Japaner, die entnervt von der niederländischen Direktheit, diese als die rüdesten Europäer empfinden, mit denen sie Geschäfte machen – auch wenn sie vom niederländischen Geschäftssinn durchaus beeindruckt sind. „Wo ein Niederländer vorbeigekommen ist, wächst nicht einmal mehr das Gras", sagen die Japaner bewundernd.

Engländer nehmen Niederländer mit zurückhaltender Anerkennung wahr. Sie kommen dem ihnen hochheiligen Status, Englisch zu sein, auf dem Kontinent am nächsten. Solcherart Kameradschaftlichkeit hat aber nicht immer geherrscht. Im 17. Jahrhundert lagen sich die beiden Seefahrernationen in den Haaren. Ein englisches Pamphlet wütete: „Ein Holländer ist ein wollüstiger, fetter, zweibeiniger Käsewurm. Eine Kreatur, die so süchtig danach ist, Butter zu essen, Fett zu trinken und zu rutschen [auf Schlittschuhen], dass die ganze Welt ihn als aalglatten Typen kennt." Die englische Sprache wurde um eine ganze Liste abschätziger Worte ergänzt wie „*Dutch courage*" (nur mutig mit Alkohol im Blut), „*Dutch comfort*" (es könnte auch schlimmer sein) und „*Dutch gold*" (Fälschung).

›› Engländer nehmen Niederländer mit zurückhaltender Anerkennung wahr. Sie kommen dem ihnen hochheiligen Status, Englisch zu sein, auf dem Kontinent am nächsten.

Heute gibt es bei einigen Leuten tendenziell noch immer ein Echo dieser Einstellung (vor allem bei Zollbeamten), die die Niederländer als Nation voller von Drogen benebelter Pornografen ansehen. Im Allgemeinen aber erreichen die Niederländer Bestnoten, weil sie das BBC-Fernsehen in jedes Wohnzimmer des Landes senden und auch nicht davor zurückschrecken, Englisch zu sprechen, beziehungsweise dabei bei Muttersprachlern kaum ein Zusammenzucken verursachen.

Wie sie gerne hätten, dass andere sie sehen

Die Niederländer würden gerne als die ultimativen Europäer angesehen werden. Dafür haben sie emsig so viel von den Nationen um sie herum übernommen, dass sie ihre eigene kulturelle Identität schon fast aufgegeben haben. Das bedeutet, dass den meisten Menschen irgendetwas an den Niederländern vertraut vorkommt, was wiederum bedeutet, dass alle sie mögen.

Dass die Niederlande zu den kleineren Jungs in der Klasse von Europa gehören, stört ihre Einwohner oder Politiker nicht über Gebühr. Wenn man nur genug Lärm macht und zu allem eine Meinung hat, kann sogar ein kleiner Junge wahrgenommen werden. Mit etwas Glück könnte er sogar Klassensprecher werden – ein Job, von dem er weiß, dass er ihn mit seinem Insiderwissen über Unfairness und Unterdrückung besser ausfüllen kann, als manch anderer Mitschüler, den man eventuell erwähnen möchte. Vor allem solche, die eine Mobbing-Vorgeschichte haben.

›› Den meisten Menschen kommt irgendetwas an den Niederländern vertraut vor, was bedeutet, dass alle sie mögen.

Wie sie die anderen sehen

Abgesehen von der Tatsache, dass sich ihr Land über Jahrhunderte den Britischen Inseln (im wahrsten Sinne des Wortes) immer weiter angenähert hat, haben die Niederländer gemischte Gefühle gegenüber den Briten. Sie sind überrascht darüber, dass diese ziemlich kümmerlichen Inselbewohner es irgendwie schaffen, solch gute Bücher zu schreiben. Sie sehen die Engländer als Landhausbewohner und ein bisschen geziert an, aber in einigen Kreisen gilt der englische Stil als der ultimative Schick. Beständige Modetrends wie Tweed, gewachste Jacken und Nadelstreifen werden von den diskret Reichen und denjenigen, die diesen Status anstreben, zur Schau gestellt.

> **›› Die Niederländer saugen die Äußerlichkeiten der amerikanischen Kultur begierig auf, während sie seine Verursacher als hohlköpfig und laut ablehnen.**

Wie die meisten ihrer europäischen Nachbarn saugen sie die Äußerlichkeiten der amerikanischen Kultur begierig auf, während sie seine Verursacher als hohlköpfig und laut ablehnen. Vor allem Roadmovies sagen dem niederländischen Sinn von Freiheit und Offenheit zu. Der „Verirrter-Anhalter"-Look ist in der niederländischen Mode populär.

Frankreich und Italien mögen gute Länder sein, um dort seinen Urlaub zu verbringen, doch die Niederländer betrachten deren Einwohner mit einer Prise Missbilligung. Die Franzosen sind schlicht zu frivol, als dass sie die Bewunderung einer Nation, der Calvin in den Knochen steckt, gewinnen könnten. Außerdem seien sie, so die Niederländer, Quertreiber ohne Verhandlungsgeschick. Eine Nation, die ihren Bauern erlaubt, Rüben auf der Autobahn aufzuschütten, sollte mit einigem Argwohn betrachtet werden.

Direktheit mag eine Tugend sein, aber die überschwängliche Zurschaustellung der eigenen Emotionen riecht nach Kontrollverlust, und so gehören die Italiener (wie die meisten Anwohner des Mittelmeerraums) zu der Gruppe „toleriert, aber nicht so gut wie wir". Eine Stufe darunter kommen die Nationen, deren religiöse oder politische Gepflogenheiten als intolerant gelten. Solche Völker werden ausdrücklich nicht toleriert – Intoleranz gegenüber Intoleranz gilt als durchaus zulässig. Mit diesem Argument hat eine anti-islamistische Partei große Gewinne bei den Parlamentswahlen 2010 erreichen können. Sie wurde die drittstärkste Partei und schlug damit sogar die bis dahin regierende Partei.

›› Von allen europäischen Nationen bewundern die Niederländer die Schweizer am meisten.

Von allen europäischen Nationen bewundern die Niederländer die Schweizer am meisten. Deren Land ist makellos, ihre Banken unangreifbar und ihre Nummernkonten geheim.

Besondere Beziehungen

Selbst die entgegenkommenden Niederländer haben ihre Grenzen. Die erste Barriere, die der niederländischen Toleranz entgegenschlägt, ist die Grenze mit Deutschland. Niemand wird die Niederländer mit größerer Wahrscheinlichkeit aus ihrem normalerweise heiter gutartigen Zustand herausreißen als ein Deutscher. Die Niederländer sehen die Deutschen als arrogant, laut, unbeweglich und intolerant an – tatsächlich alles, was sie selbst nicht sind. Sie misstrauen einer Nation, die eine Vorliebe dafür zeigt, in Wäldern zu leben. Aber normalerweise bemühen sie sich nicht einmal um eine Erklärung. Sie mögen die Deutschen einfach nicht. Sagt man zu Niederländern, dass ihre Sprache der deutschen gleicht, wird das der weiteren Beziehung nicht gerade förderlich sein. Führt man an, dass die beiden Nationen doch in vielen Dingen recht ähnlich seien, wird das wahrscheinlich dazu führen, dass man aus dem Haus geschmissen wird.

Fragt ein Deutscher in einer niederländischen Stadt nach dem Weg, kann es durchaus sein, dass der Niederländer Richtung Grenze oder zum nächsten Bahnhof mit internationalen Zügen zeigt. Vielleicht erwidert er auch „Gib mir mein Fahrrad zurück!" und bekommt sich anschließend vor Lachen nicht mehr ein. Dies ist ein Insider-Witz, der sich darauf bezieht, dass die Deutschen während der Besatzung der Niederlande im Zweiten Weltkrieg alle Fahrräder beschlagnahmt hatten. Die eigentliche Aussage ist also: Erst gibst du das Fahrrad zurück, das du meiner Familie gestohlen hast, und danach werde ich mich unter Umständen dazu bemüßigt fühlen, dir zu helfen. Niederländer aller Altersstufen machen diesen Witz. Sie machen ihn sogar, wenn ihre Eltern zu jung sind, um die Besatzungszeit noch selbst erlebt zu haben. Man tut einfach alles, um den Deutschen eins auszuwischen.

›› Die Niederländer tun einfach alles, um den Deutschen eins auszuwischen.

Die Südgrenze der Niederlande bietet auch eine Art Stolperstein. Außer den Afrikaandern in Südafrika und den Einwohnern einiger verstreuter Ex-Kolonien sind die Belgier die einzigen auf der Welt, die eine Sprache ähnlich dem Niederländisch sprechen. Man könnte meinen, das möge die südlichen Cousins und Cousinen bei den Niederländern beliebt machen. Aber die Niederländer betrachten die Belgier (auch wenn sie deren Art, das Leben zu genießen, wirklich bewundern) als ziemlich unterbelichtet und ausschließlich zum Spott geeignet:

„Was steht auf dem Boden einer belgischen Milchflasche?" – „Am anderen Ende öffnen."

„Was steht auf dem Boden eines belgischen Schwimmbads?" – „Rauchen nicht erlaubt."

„Warum sind belgische Gläser eckig?" – „Damit sie keine runden Ränder auf dem Tisch hinterlassen."

In den Niederlanden selbst wird den Einwohnern der südlichsten Provinz Limburg (mit ihrer Hauptstadt Maastricht) nachgesagt, dumm zu sein. Deshalb gilt:

„Was geschieht, wenn ein Maastrichter nach Belgien umzieht?" – „Der durchschnittliche IQ beider Länder erhöht sich."

Charakter

Offene Denkweise

Einer der ureigensten niederländischen Charakterzüge ist die nationale Tendenz, ein kleines Übel zuzulassen, um das große Übel zu verhindern. Dieser bewundernswerte und raffinierte Denkansatz wird beispielsweise in der Art und Weise, wie sie ihre Wasserschleusen verwalten, sichtbar. Erhöht sich durch die Tide der Druck auf die Deiche, wird eine kontrollierte Wassermenge durchgelassen, sodass der immer größer werdende Wasserdruck, der ansonsten Verwüstung bedeuten würde, gelindert wird. Drogen und verschiedene andere Sünden werden in genau der gleichen Weise behandelt: Lass eine überschaubare Menge rein, so werden eine Ausuferung des Großhandels oder mutwillige Exzesse nicht stattfinden.

» Die Niederländer tolerieren sogar, dass Leute ihr Land dauernd „Holland" nennen, obwohl Holland doch tatsächlich nur eine Provinz der Niederlande ist.

Dies erklärt die Verbreitung freier Nadeln für Heroinabhängige, das Recht auf Ehe für Gefangene, Abtreibungen für Teenager auf Nachfrage und Coffeeshops, die Marihuana über den Tresen verkaufen. Die Niederländer tolerieren sogar, dass Leute ihr Land dauernd „Holland" nennen, obwohl Holland doch tatsächlich nur eine Provinz der Niederlande ist (oder, um genau zu sein, mit Noord-Holland und Zuid-Holland zwei Provinzen der Niederlande – Holland als solches existiert also nicht einmal).*

Besucher mögen einen Rollschuhläufer anstarren, der nur mit einem String-Tanga bekleidet zwischen den Samstagmorgen-Shoppern hindurchfährt. Niederländer aber werden in aller Ruhe weiter ihres Weges gehen – selbst wenn sie, im Geheimen, genauso geschockt sind wie alle anderen. Toleranz ist nicht nur eine einfache Tugend, sie ist eine nationale Pflicht. Mit 495 Menschen pro Quadratkilometer sind die Niederlande das am dichtesten besiedelte Land Europas. Würden sich die Niederländer ihre Marotten oder sonderbaren Neigungen nicht gegenseitig vergeben – oder sie zumindest ignorieren –, würde das Leben unerträglich. Toleranz ist in Wirklichkeit getarnter Pragmatismus und zählt somit als guter, solider protestantischer Wert.

» Toleranz ist in Wirklichkeit getarnter Pragmatismus.

Dennoch gibt es einen Haken. Die Niederländer werden alles tolerieren – vorausgesetzt es schränkt ihre eigene Freiheit nicht ein –, außer es schmeckt ein bisschen zuviel nach gefährlicher Hemmungslosigkeit oder Kontrollverlust. Tiefen Respekt zu empfinden, wenn sich jemand die Freiheit nimmt, sein eigenes Leben zu leben, ist auf gewisse Weise so niederländisch wie Deiche und Windmühlen. Die Niederländer setzen Verhaltensgrenzen entlang von Linien, die ein stillschweigendes Verständnis widerspiegeln, wie weit man gehen kann, bevor die unsichtbaren Grenzen der Privatsphäre und per-

---

*Allerdings haben die Niederländer scheinbar auch selbst den Kampf aufgegeben – ihr Schlachtruf beim Fußball lautet „Hup Holland!“

sönlichen Freiheit überschritten werden. Ein Leben hinter diesen Mauern ist zwar öffentlich, aber dennoch eine private Angelegenheit. Niederländische Toleranz bedeutet nicht Akzeptanz. Unter der Oberfläche pflichtbewusster Toleranz kann sehr wohl ein tiefer Widerstand lauern – gegenüber Männern, die Händchen halten vielleicht, oder Frauen, die Schleier tragen. Ob dagegen vorgegangen wird, hängt davon ab, ob man das Gefühl hat, dass die Missetäter die Mauer überklimmen und die niederländische Art und Weise zu leben stören.

›› Unter der Oberfläche pflichtbewusster Toleranz kann sehr wohl ein tiefer Widerstand lauern.

Es ist nie einfach darüber zu urteilen, wo die Grenzen sich genau befinden. An „*Dodenherdenking*" (Totengedenktag), dem 5. Mai, herrschen im ganzen Land zwei Minuten Stille für die Toten des Zweiten Weltkriegs und aller nachfolgenden kriegerischen Auseinandersetzungen. Das sind sehr bewegende zwei Minuten. Straßenbahnen, Autos und Menschen halten an. Ein Besucher war betroffen von den Gesichtsausdrücken in seiner Umgebung, als eine Immigrantenfamilie, dem Grund des Anlasses nicht gewahr, ihren Weg einfach weiterging und dabei inmitten der Stille und dem Meer getragener Gesichter laut miteinander sprach. Es war deutlich, die Niederländer befanden sich in einer Zwickmühle: Die Immigranten auszuschelten wäre intolerant. Sie hatten die ungeschriebenen Regeln gebrochen, aber wie konnten sie das wissen? Sollte man es ihnen sagen? Einzugreifen würde aber deren eigene kulturelle Freiheit einschränken. Und so taumelten die Argumente nur so umher, was zu Purzelbäumen moralischer Verwirrung führte – obwohl ein wachsendes Segment der niederländischen Bevölkerung das Dilemma nicht mehr darin sieht, den Ausländern ein „Psst!“ zuzuzischen, sondern sich fragt, ob diese in erster Instanz überhaupt hier sein sollten.

Offene Gardinen

Die Niederländer sind offen über alles. Konserviertes Gemüse steckt eher in Gläsern als in Metalldosen. Toiletten haben einen Absatz in der Schüssel, auf der man sogar seine inneren Tätigkeiten täglich inspizieren kann.

» Um ihren Nachbarn und sich selbst zu versichern, dass sie nichts zu verbergen haben, bauen die Niederländer ihre Häuser mit großen Fenstern und ziehen ihre Vorhänge in der Nacht nicht zu.

Um ihren Nachbarn und sich selbst zu versichern, dass sie nichts zu verbergen haben, bauen die Niederländer ihre Häuser mit großen Fenstern und ziehen ihre Vorhänge in der Nacht nicht zu. Man kann das Fernsehprogramm bei den Nachbarn mitschauen, sehen, was es dort zum Abendessen gibt, mitbekommen, wenn sie mit ihren Kindern schimpfen, und inbrünstig seine eigene Toleranzfähigkeit üben, wenn man etwas Ungehöriges mitbekommt.

Saubere Fenster sind das A und O eines jeden Haushalts. Die Räume sind in subtilem Helldunkel beleuchtet, sodass sich zur nächtlichen Straße hin ein gemütliches Bild ergibt. Statt die Vorhänge zuzuziehen, stellen die Leute, deren Fenster direkt auf die Straße hinauszeigen, lieber in Holzrahmen aufgezogene Spitzendeckchen in die Fenster oder kleben schmale, undurchsichtige Plastikstreifen direkt auf das Glas. Diese werden so positioniert, dass man den lästigen direkten Augenkontakt mit Passanten meidet, während man den Raum trotzdem für die Öffentlichkeit einsehbar lässt.

Die Leute lassen ihre Gardinen offen, um der Welt zu versichern, dass sie nichts tun, wofür man sich schämen müsste – oder dass sie sich für nichts schämen, was sie vielleicht tun mögen. Aber kein Niederländer würde auch nur im Traum daran denken, in die Fenster zu starren. Das würde ja einer Verletzung der Privatsphäre gleichkommen. Kurioserweise war es eine niederländische Fernsehanstalt, die als erste die Idee für „Big Brother" hatte, die Fernsehshow, die es Millionen ermöglicht, als Voyeure die intimen Vorgänge innerhalb einer Gruppe von Leuten, die zusammen in einem Haus leben müssen, zu begaffen. Das ist der ultimative Ausdruck der „offenen Gardinen", den man noch dadurch aufpeppt, indem man das höchste soziale Tabu bricht.

» Die Leute lassen ihre Gardinen offen, um der Welt zu versichern, dass sie nichts tun, wofür man sich schämen müsste.

Wenn sich diese Offenheit in persönlichen Beziehungen fortsetzt, führt dies zu einer völligen Direktheit, die andere Nationen als entwaffnend empfinden könnten. Wenn man gerade unter einem besonders unglücklichen Haarschnitt leidet, würde einem ein englischer Freund womöglich taktvoll vorschlagen, ob man nicht den netten Hut, den man letzte

Woche gekauft hat, aufsetzen wolle. Ein Niederländer wird fragen, was denn um alles in der Welt mit den Haaren geschehen ist.

„Gezelligheid"

„*Gezelligheid*" ist das niederländische Nirwana. Wörterbücher übersetzen *gezelligheid* unbeholfen mit „Gemütlichkeit". Das trifft es nur zum Teil, halten die Deutschen doch eher Ordnung als Fröhlichkeit für das höchste Ziel. Ein niederländischer Historiker hat einmal gesagt, dass *gezelligheid* „teilweise eine Art Gemütlichkeit und teilweise ein lebendiges Zusammensein" ausdrückt. Die Stimmung im Kaffeehaus um die Ecke an einem kalten Winterabend ist *gezellig;* eine Mutter ruft ihren Kinder zu „Lasst es *gezellig* bleiben!", wenn sie hört, dass ihre Sprösslinge gefährlich wild zu werden drohen; ein beliebtes niederländisches Bier wird als „garantiert *gezellig*" angepriesen. Bevor man bei Dämmerung Lampen anschalten würde, zündet die Familie lieber ein paar Kerzen an, kocht eine Kanne Kaffee und setzt sich vor ihr großes, sauberes Wohnzimmerfenster, schaut nach draußen und hüllt sich in *gezelligheid* ein.

» Die Niederländer haben herausgefunden, dass man am besten miteinander umgehen kann, wenn alles immer gezellig ist.

Wohl weil sie so dicht aufeinander wohnen, haben die Niederländer herausgefunden, dass man am besten miteinander umgehen kann, wenn alles immer *gezellig* ist. Das Leben läuft gemäß eines subtilen Anstands. Niederländer sagen nicht

„Was würden die Nachbarn sagen?“, sondern „Denk an die Nachbarn!“

Wenn man mit seinem Fahrrad um zwei Uhr nachts in einer ruhigen Einbahnstraße in der falschen Richtung fährt, und die Polizei kommt einem entgegen, wird sie vermutlich zur Seite fahren und einen passieren lassen. Es gibt schließlich wichtigere Dinge zu tun, als jemanden festzunehmen, der so wenig Unheil anrichtet. Außerdem wäre das nicht *gezellig.* Niederländische Toleranz ist das moralische Gesicht von *gezelligheid.*

„Going Dutch“ – getrennte Kasse machen

Das ist die Nation, die Flaschenschaber verkauft, sodass man auch noch den allerletzten Tropfen Buttermilch aus der Flasche bekommen kann. Niederländer „denken mit ihrem Geldbeutel“. Geiz ist hier keine Schande, sondern eine Tugend. So wird man im Zug Leute sehen, die ihre Hunde dazu auffordern, in die Reisetasche zu steigen. In diesem Fall wird der Hund nämlich als „Handgepäck“ angesehen und nicht als „mitreisendes Haustier“ und braucht damit keine eigene Fahrkarte. Schaffner sehen das eher als bewundernswerten Einfallsreichtum, als dass es bei ihnen dazu führen würde, Einwände zu haben.

» Geld auszugeben ist ausschließlich dann akzeptabel, wenn es eine begründete Annahme dafür gibt, dass damit ein Gewinn erzielt werden könnte.

Geld auszugeben ist ausschließlich dann akzeptabel, wenn es eine begründete Annahme dafür gibt, dass damit ein Gewinn erzielt werden könnte. Die Niederländer haben die Redewendung „die Kosten laufen den Gewinnen voraus". Andernfalls ist es ein Fall von „*elk dubbeltje omdraaien*" – jede Münze zweimal umdrehen, bevor man erwägt, sie tatsächlich auszugeben. Das Prinzip des „*Going Dutch*" (getrennte Kasse machen) wurde erfunden, damit der Niederländer sich in aller Ruhe zurücklehnen und in Frieden seinen Kaffee genießen konnte, ohne sich darüber Sorgen machen zu müssen, wer am Ende die Rechnung bezahlt.

» Das Prinzip des „Going Dutch" wurde erfunden, damit der Niederländer sich in aller Ruhe zurücklehnen und in Frieden seinen Kaffee genießen konnte.

Ja, aber ...

Für Niederländer ist die andere Seite der Frage genauso wichtig wie die Frage selbst. Dialog ist das Schmiermittel der Toleranz und die wichtigste Zutat des Dialogs heißt „ja, aber ..." Hausbesetzer beginnen einen Dialog mit Hauseigentümern und der Stadtverwaltung, Drogenhändler setzen sich für eine gemütliche Unterhaltung mit der Polizei zusammen. Opposition findet eher in Verhandlungen als in Konfrontationen statt. Das ist *gezelliger.*

Eine Meinung haben

Ein Diskurs über den Tod oder sexuelle Abweichungen würde bei anderen Nationen wohl dazu führen, sich zu winden, zu beschönigen oder einfach das Thema zu wechseln. Niederländer dagegen ventilieren ihre Meinung offen und gern. Fühlen sie sich von einem Thema geschockt, dann schießt die Toleranzkanone aus vollen Rohren und das Gespräch wird fortgesetzt. Wenn nach einiger Zeit niemand eine andere Meinung äußert, pausiert das Gespräch kurz, irgendjemand wird höflich ein „Ja, aber ...“ anbieten oder ein „Auf der anderen Seite ...“ und die Konversation wird in eine neue Richtung fortgeführt. Toleranz erfordert, dass Sachverhalte von allen Seiten untersucht werden.

›› Akzeptierte Gesprächsanfänge in den Niederlanden sind zum Beispiel Fußball und das Wetter.

Ein Thema stellt dabei die Ausnahme von der Regel dar – das persönliche Einkommen. Darüber zu diskutieren, wie viel man verdient und wie viel man für Miete, Kleidung oder das Auto ausgibt, wird ein viel größeres Missfallen hervorrufen, als zu bekennen, welche Praktiken man im Bett bevorzugt. Der einzige Moment, in dem man persönliche Finanzen auch nur irgendwie als gesellschaftsfähiges Material für ein Gespräch ansehen könnte, ist nach einem Zahnarztbesuch. Da werden dann alle einstimmen, von ihren Brücken und Kronen erzählen und den horrenden Summen, die auf ihren Zahnarztrechnungen prangen.

Akzeptierte Gesprächsanfänge in den Niederlanden sind zum Beispiel Fußball und das Wetter. Die Muster sind bei beiden Themen gleich: Ein kurzer Kommentar über den gegenwärtigen Zustand, ein oder zwei Anmerkungen darüber, was letzte Woche los war, und Spekulationen über die Dinge, die da kommen mögen. Danach kann man zu einer allgemeinen Analyse und zum Meinungsaustausch übergehen.

Überzeugungen & Werte

Handelsgeist

Niederländer sind in ihrem tiefsten Inneren Händler und haben ein paar Jahrhunderte herausragender Erfolge vorzuweisen, die sie in ihrer Überzeugung bestärkt, dass das Geschäft das einzige ist, was zählt. *Handel is handel* – Handel ist Handel – gilt als gerechtfertigte Entschuldigung für offensichtliche Scheinheiligkeit. Sei es, dass man Quecksilber verkauft, das die Arbeiter in den Goldminen Südafrikas vergiftet, oder dass man Start- und Landebahnen auf Flughäfen ausbaut, während man gleichzeitig den Effekt von Flugzeugjets auf die Umwelt untersucht. Als ein Munitionshändler im 17. Jahrhundert für Handel mit dem Feind angeklagt wurde, erwiderte er scharf: „Wenn wir nicht an sie verkauft hätten, hätten wir es uns nicht leisten können, sie zu bekämpfen.“ Diese Logik wurde damals als akzeptabel angesehen und wird es heute noch immer, wenn beispielsweise Fragen über Verkäufe von Ausrüstung an bestimmte Länder des Mittleren Ostens aufgeworfen werden.

» Irgendwo im Schatten hinter dem doch immer so emsigen Händler schleicht die protestantische Arbeitsethik herum.

Irgendwo im Schatten hinter dem doch immer so emsigen Händler schleicht die protestantische Arbeitsethik herum. Die Niederländer glauben, dass sie als jämmerliche Sünder geboren wurden, und dass diese Welt ein Ort ist, an dem man arbeiten und leiden muss.

Sie mussten sogar ihr eigenes Land erschaffen, indem sie es der See abtrotzten. „Gott hat die Welt erschaffen, aber die Niederländer die Niederlande", sagt ein Sprichwort. Später, weil sie ja so tolerant sind, kommen sie in den Himmel – auch wenn es als unwahrscheinlich gilt, dass sich die Haltung Gottes auch nur um ein Jota ändern wird. Und wahrscheinlich werden sie auch dort oben noch schuften und schwitzen müssen. Bis dahin gilt: „*Arbeid adelt*" („Arbeit adelt") und „Faulheit ist des Teufels Kopfkissen".

Calvin rules

Protestantische Werte sind so tief in die niederländische Erde eingepflanzt, dass es die meisten schon überrascht, dass 35 % der Bevölkerung als römisch-katholisch registriert sind. Traditionell konzentrieren sich die Katholiken auf einen Flecken im Südosten, während der Rest des Landes (einschließlich aller großen Städte) überwiegend protestantisch ist. Der Calvinismus hatte das Land über Jahrhunderte so stark im Griff, dass selbst die Kirche Roms darauf reagiert hat. Obwohl sie eigene Schulen und einen eigenen Radio- und TV-Sender haben, scheint es, als ob die niederländischen Katholiken hinter einer solide gebauten protestantischen Fassade mit einem ordentlich puritanischen Hang zu harter Arbeit und nüchterner Lebensführung leben. Muslime werden toleriert, vorausgesetzt, sie tun das Gleiche.

›› Traditionell konzentrieren sich die Katholiken auf einen Flecken im Südosten, während der Rest des Landes überwiegend protestantisch ist.

In früheren Zeiten wurden Katholiken (selbstverständlich) toleriert. Sie mussten ihre Gottesdienste aber unauffällig feiern, hinter verschlossenen Türen, in Kirchen, die wie Wohnhäuser aussahen. Heutzutage erleiden Moscheen das gleiche Schicksal und fangen gerade erst damit an (nach etwa drei Jahrzehnten, in denen sie sich nach außen als Wohnhäuser oder Ladengeschäfte ausgegeben haben), ihre Minarette in den Horizont ragen zu lassen.

» Der Sonntag ist der einzige Tag, an dem die Niederländer aufhören dürfen zu arbeiten, ohne allzu viele Gewissensbisse zu haben.

Der Sonntag ist der einzige Tag, an dem die Niederländer aufhören dürfen zu arbeiten, ohne allzu viele Gewissensbisse zu haben. Die meisten widmen ihn dem Tennisspielen, Fußballschauen und gehen mit dem Hund Gassi. Aber in manchen ländlichen Gegenden ziehen ganze Dörfer *en masse* in die Kirche, zu zweit untergehakt, Hüte und ihr nüchternes Sonntagskostüm tragend. Und wenn dann jemand meint, am heiligen Sonntag Fahrrad fahren oder den Rasen mähen zu müssen, werden ihm vernichtende Blicke zugeworfen.

Der erhobene Zeigefinger

Der Geist der Toleranz steht mit Calvins Geist im ständigen Kampf um die Kontrolle über die niederländische Psyche. Nur noch wenige Niederländer gehen in die Kirche, aber das ist auch nicht nötig. In jedem niederländischen Kopf befindet sich eine kleine Kanzel, auf der ein Pfarrer mit einem *vermanende vinger*, einem erhobenen Zeigefinger, steht. Faulheit und Übermaß sind die Hauptthemen seiner Predigt. Seine Aufgabe besteht darin, ein nagendes protestantisches Gewissen zu erzeugen. Oft wird er auch losgelassen, um die Außenwelt zu rügen.

Schmutzige Fenster, Verhaltensweisen, die nicht *gezellig* sind (Trunkenbolde und deutsche Touristen sind hierfür die Hauptübeltäter), und protzige Extravaganz werden den mahnenden Zeigefinger der Niederländer aktivieren. Vor allem ist der *vermanende vinger* dazu da, Achtbarkeit sicherzustellen. Der Impuls, ein guter, bodenständiger Einwohner zu werden, ist unwiderstehlich. Selbst die Cannabishändler haben einen eigenen Verband gegründet, der Qualitätskontrollen durchführt und dafür sorgt, dass die Mitglieder ihre Steuern bezahlen. Das Einzige, was den *vermanende vinger* ernsthaft hemmen kann, ist ein kraftvoller Gegenimpuls durch die Pflicht, tolerant sein zu müssen, oder die Andeutung eines möglichen finanziellen Gewinns.

›› Selbst die Cannabishändler haben einen eigenen Verband gegründet, der Qualitätskontrollen durchführt.

Säulen der Gesellschaft

Die Säulen des niederländischen Establishments sind nicht Individuen, sondern Institutionen. Jahrhundertelang ruhte die niederländische Gesellschaft auf den zwei Säulen *(zuilen)* der protestantischen und katholischen Kirche. In jüngerer Zeit wurden dem Säulengang noch hippe sozialistische und ethnische Säulen hinzugefügt. Es gibt noch immer separate protestantische und katholische Universitäten, Gewerkschaften, Radio- und Fernsehstationen sowie politische Parteien. Heutzutage mögen die Leute sie behandeln, als wären sie untereinander austauschbar, aber diese Trennung einfach so aus dem Weg zu schaffen, würde zu einem furchtbaren Kollaps führen. Vor allem in ländlichen Gegenden werden die Grenzen noch kämpferisch verteidigt. Ein kleines Dorf mit einer protestantischen, einer katholischen und einer Montessori Schule hat vielleicht nicht genügend Kinder. Aber jede einzelne der Einrichtungen würde noch eher schließen, als dass sie mit einer der anderen fusionieren würde.

Seltsamerweise geht die Wahrnehmung, dass die Gesellschaft aus mehreren *zuilen* aufgebaut ist, Hand in Hand mit dem niederländischen Glauben an Toleranz: Weltansichten, die sich gegenseitig ausschließen, müssen sich nicht automatisch gegenseitig zerstören, sondern können zusammen ein robustes, *gezelliges* Ganzes stützen.

›› Zuilen tragen auch etwas von Geborgenheit in sich.

Die *Zuilen* tragen auch etwas von Geborgenheit in sich. Gehört man einer Säule an, bedeutet das auch, dass man sich nicht bis ins Kleinste mit der tatsächlichen Integration von Dingen, die man als fremd empfindet, befassen muss. Stattdessen kann man sich selbst dazu gratulieren, dass man etwas als eigenständigen, aber essentiellen Teil der Gesellschaft akzeptiert. Dieses Phänomen wird dann offensichtlich, wenn in den größeren Städten ganze Viertel und manchmal auch Schulen insgeheim als „marokkanisch" oder „türkisch" etikettiert werden – oder mit dem niederländischen Sammelbegriff *allochtonen,* der theoretisch alle „Ausländer" umfasst, in der Praxis aber nur diejenigen meint, die nicht weiß sind. Es waren die Nachfahren niederländischer Siedler in Südafrika, die, auf ähnliche Weise das Argument der *zuilen* verdrehend, die Apartheid erfunden haben.

Wohlstand und Erfolg

Das Streben nach Wohlstand ist ein beliebter niederländischer Zeitvertreib, und das Anhäufen von Geld gilt als Tugend. Es auszugeben gilt dagegen als Laster. Das niederländische Wort *schuld* bedeutet sowohl finanzielle Schulden als auch moralische Schuld. Ein gesundes Bankkonto mag beweisen, dass man seinen Anteil der weltlichen Bürde durch harte Arbeit schultert, in Wirklichkeit ist es aber eine persönliche Gewissheit.

›› Die Niederländer empfinden die auffällige Zurschaustellung weltlicher Güter als extrem schlechten Geschmack.

Schon das Diskutieren über Gehälter erzeugt Stirnrunzeln, die Niederländer empfinden die auffällige Zurschaustellung weltlicher Güter als extrem schlechten Geschmack. Als eine Zeitschrift eine Liste der zehn reichsten Niederländer veröffentlichte, mussten sie sich in der nächsten Ausgabe dafür entschuldigen, dass sie einen Millionär in ihrer Liste zu hoch eingestuft hatten.

Die Vorsicht angeberischen Exzessen gegenüber erstreckt sich auf viele Ebenen. Ein führender niederländischer Wirtschaftsboss wurde damit zitiert, dass er das Catering in der Business Class der nationalen Luftfahrtgesellschaft unangenehm übertrieben fände. Er wäre mit einem Käsebrötchen und einem Glas *karnemelk* (einer Art Buttermilch) voll und ganz zufrieden.

Das bedeutet nicht, dass sich die Niederländer materiellen Komfort versagen. Es ist durchaus akzeptabel, wenn man sich mit *degelijke spullen* umgibt – guten, soliden Dingen, die effektiv arbeiten. Sie dürfen sogar elegant sein, aber niemals pompös. Ein bescheidener Mercedes mag noch durchgehen, ein Rolls-Royce würde dagegen zu Stirnrunzeln führen. Selbst die prachtvollsten niederländischen Häuser präsentieren sich zur Straße hin mit einer schmalen, unauffälligen Fassade. Doch dahinter erstrecken sich im Geheimen großzügige Räumlichkeiten und abgeschiedene Gärten.

›› Selbst die prachtvollsten niederländischen Häuser präsentieren sich zur Straße hin mit einer schmalen, unauffälligen Fassade.

Klasse

Die Niederländer brüsten sich mit ihrer egalitären, klassenlosen Gesellschaft. Es mag einen König geben, aber wie seine Mutter vor ihm ist er eher ein strenger Hüter der *burgerlijke* (respektablen Mittelklasse-)Werte als ein Märchen-Monarch. Niederländische Bürger müssen sich vor ihm nicht verbeugen oder einen Hofknicks machen. Er wurde in sein Amt eingesetzt und nicht gekrönt.

Eine kleine Handvoll alter Familien, zusammen mit einer Auswahl an Absolventen alteingesessener Universitäten, bildet ein exklusives, finanziell unabhängiges Old-Boys-Netzwerk, das sich in der Welt des Big Business, der Banken und des Diplomatischen Corps bewegt. Der Rest der Niederlande gehört zu einer sich ausbreitenden Mittelklasse, die sich über Snobismus lustig macht und mit sich selbst ganz gut im Reinen ist. Am einen Ende des Spektrums gibt es die universitätsgeschulten Fachleute, die englischsprachige Fernsehsender über Kabel schauen; am anderen Ende gibt es die Arbeiter, die Seifenopern und Sensationsmagazine geradezu in sich aufsaugen. Anders als zum Beispiel die Briten sprechen sie aber eine gegenseitig verständliche Sprache und leben das Leben nach ähnlichen Regeln.

›› Die meisten Niederländer gehören zu einer sich ausbreitenden Mittelklasse, die sich über Snobismus lustig macht und mit sich selbst im Reinen ist.

Obsessionen

Kaffee

Kaffee ist eine nationale Institution. Einer der wichtigsten niederländischen Romane dreht sich um Kaffee. Eine Tasse Kaffee markiert aller Dinge Anfang und Ende. Sie ist der Dreh- und Angelpunkt von Freundschaften, Beerdigungen, Geburtstagen und des Büroalltags. Ein durchschnittlicher Niederländer trinkt jedes Jahr 144 Liters dieses Getränks – das sind 3,2 Tassen pro Tag. Es ist das essentielle Schmiermittel der *gezelligheid.*

›› Kaffee mit Milch wird toleriert, aber schon fast als ein anderes Getränk angesehen.

In den Niederlanden wird der Kaffee schwarz serviert – und stark genug, um den Pulsschlag zu verdoppeln. Kaffee mit Milch wird toleriert, aber schon fast als ein anderes Getränk angesehen. Niederländer nennen das *koffie verkeerd,* wörtlich: Kaffee verkehrt. Sahne im Kaffee wird als ausgesprochen skurril angesehen, wenn man auch das Hinzufügen von *koffie melk,* einer Art verdickter Milch, akzeptiert.

In Cafés bekommt man mit einem Kaffee einen kleinen Keks. Dieser ist ein ebenso fundamentaler Zusatz wie Zucker oder der kleine Plastiknapf mit *koffie melk.* Niederländer knabbern sich durch mehr Kekse pro Jahr als jede andere europäische Nation. Die einzige Erklärung, warum sie nicht auch in der Kaffeetrinkliga an der Spitze liegen, kann nur sein, dass irgendjemand irgendwo bereits benutzte Bohnen recycelt.

Ordentlichkeit

Ein britischer Magistrat, der ein niederländisches Haus im 17. Jahrhundert besuchte, war recht erstaunt, als ihn die Hausmagd auf die Außentreppe drückte, ihm die schlammigen Stiefel abstreifte und ihn über den blanken Hallenboden in das Empfangszimmer ihrer Herrin trug. Um dieselbe Zeit beschwerte sich ein französischer Geistlicher, der kein Abendessen bekam, dass die Niederländer eher vor Hunger sterben würden, als die perfekte Symmetrie ihres glänzenden Geschirrs und der funkelnden Kessel in ihrer Küche zu zerstören.

›› Die Bäume in der Landschaft sind in Linien gepflanzt und die schwarz-weißen Kühe sind in ordentlichen, kleinen Gruppen arrangiert.

Seitdem hat sich nur wenig verändert. Die Niederlande erscheinen von allen Seiten geschoren, geschrubbt, gewaschen, poliert und frisch gestrichen. Die Bäume in der Landschaft sind in Linien gepflanzt und die schwarz-weißen Kühe sind in ordentlichen, kleinen Gruppen arrangiert. Bataillone von Straßenkehrern und Reinigungsmaschinen wühlen sich Tag und Nacht durch die Städte.

Drinnen scheuern, polieren und schaffen die Leute Ordnung, um dem Ideal der ausbalancierten Interieurs, das ihnen von den Gemälden der alten Meister wie Vermeer und Saenredam vorgegeben wird, zu entsprechen. Denen, die darin versagen, wird ein „Haushalt wie bei Jan Steen“ vorgeworfen, nach dem Künstler, der für seine Motive chaotischer und zügelloser Kneipenszenen berühmt ist.

Nur um sicherzugehen, dass die Haushalte sich an die Richtlinien halten, gibt es eigens eine Umweltpolizei, die sich durch alle Abfalleimer wühlt, die nicht an den dafür markierten Sammelpunkten stehen oder an Tagen dort abgestellt werden, die nicht als Abholtage ausgewiesen sind. Wenn sie irgendetwas darin finden, auf dem die eigene Adresse steht, wird man einen unangenehmen Brief erhalten und möglicherweise ein Bußgeld zahlen müssen.

> **» Die Architektur neuer Gebäude muss nicht nur von den Städteplanern genehmigt werden, sondern auch von einer Schönheitskommission.**

Die Architektur neuer Gebäude muss nicht nur von den Städteplanern genehmigt werden, sondern auch von einer *Schoonheidscommissie* (wörtlich Schönheitskommission, es kann aber auch Sauberkeitskommission heißen, da die Niederländer das Wort *schoon* sowohl für „schön" als auch für „sauber" verwenden). Die Entscheidungen können dabei sehr eigenwillig ausfallen: Pläne für ein neues Passagierterminal für Kreuzfahrtschiffe (so gestaltet, dass es einem Schiff auf hoher See ähnelt) wurden abgelehnt, da die „Wellen" auf Teilen des Daches sich in die falsche Richtung bewegten.

Wasser

Über 40 % der Niederlande befindet sich unterhalb des Meeresspiegels, das meiste Land wurde dabei dem Moor, Flüssen und der See gestohlen. Die Niederländer leben deshalb mit einem konstanten Schuldgefühl. Auf der einen Seite ist diese Situation gut für die calvinistische Psyche: Die Niederländer sind das auserwählte Volk, das unablässig gegen die Gezeiten streitet, gefangen in einem nie endenden und moralisch erbaulichen Kampf, um ihre Köpfe gerade so über Wasser zu halten. Auf der anderen Seite leben sie in Angst vor der göttlichen Strafe für ihre Frechheit. Der Allmächtige mag anderen Nationen mit Plagen und Erdbeben drohen. Den Niederländern aber droht er mit Überflutung.

Wenn Überschwemmungen eintreten, ist der Strom derjenigen, die aus den betroffenen Gegenden fliehen, genauso groß, wie die Anzahl der Katastrophentouristen, die in die entgegengesetzte Richtung drängen, um mit einer Art erregter Ehrfurcht, die andere Nationen für Massenkarambolagen auf Autobahnen aufbringen, das Wasser steigen zu sehen.

›› Es gibt 16 Millionen Fahrräder in den Niederlanden – das bedeutet fast ein Fahrrad pro Einwohner.

Fahrräder

Es gibt 16 Millionen Fahrräder in den Niederlanden – das bedeutet fast ein Fahrrad pro Einwohner. Punks, Omas, Studenten und Firmengeschäftsführer rollen durch die Städte und treten an Sommerwochenenden im Flottenverband in die Pedale und fahren hinaus aufs Land (vor allem am Nationalen Radfahrtag). In Amsterdam gehen oder radeln mehr als 50 % der Einwohner zur Arbeit. Das ist der höchste Prozentsatz aller Hauptstädte in Europa. Nicht nur, dass beinahe jede Straße einen parallel verlaufenden Fahrradweg hat, es gibt sogar Pläne einige „Fahrrad-Autobahnen“ zu bauen, bei denen einem auf der Fahrt von Ort zu Ort keine Stoppzeichen oder Ampeln mehr im Weg stehen, die einen aufhalten.

Das niederländische Parlament beschäftigt einen eigenen Fahrradmechaniker und eine niederländische Universität besitzt sogar einen Professor für „Fahrradologie". Selbst die „Erste Familie" der Niederlande besteht aus guten Radfahrern. Prinzessin Beatrix (die ehemalige Königin) besaß ein königliches *rijwiel* (Fahrrad) und der heutige Monarch Willem-Alexander und seine Brüder fuhren wie jedes andere Kinder im Land mit dem Rad zur Schule – mit der Ausnahme, dass sie von einem Schwarm Leibwächter auf Fahrrädern verfolgt wurden.

›› Das niederländische Parlament beschäftigt einen eigenen Fahrradmechaniker und eine niederländische Universität besitzt sogar einen Professor für „Fahrradologie".

Ein VanMoof (schick, Aluminium, teuer) mag in bestimmten Kreisen im Moment das „Musthave" sein, aber das klassische Hollandrad ist eine stabile, schwarze Maschine, die man in einer aufrechten Position fährt – eher Miss Marple als Tour de France. Es hat einen Rahmen, der wirkt, als sei er aus Gusseisen, an dem funktionierende Teile von einer überraschenden Vielfalt an Jahrgängen befestigt sind. Früher war das einzige Teil, das mit an Sicherheit grenzender Wahrscheinlichkeit nicht funktionierte (wenn es denn überhaupt da war), das Vorderlicht. Seit die Polizei aber hart gegen Räder ohne Licht vorgeht (einmal wurden in Amsterdam an einer einzigen Straßenecke an nur einem Abend über 500 Knöllchen verteilt), hat sich die Haltung, wenn auch widerwillig, verändert. Ob das Licht an oder aus ist, macht allerdings eigentlich keinen Unterschied, denn die erste Regel der Niederländischen Straßenverkehrsordnung ist, dass der Radfahrer, auch wenn er mitten in der Nacht ohne Licht entgegen der Verkehrsrichtung in einer Einbahnstraße fährt, doch immer Recht hat. Autofahrer sind sich dessen bewusst und treffen entsprechende Vorsichtsmaßnahmen.

In der Vorstellung der Niederländer stellt das Rad eher eine Erweiterung ihres Körpers dar, als dass es als externes Verkehrsmittel wahrgenommen wird. Die Leute verhalten sich auf Rädern, als gingen sie zu Fuß. Verliebte radeln Hand in Hand. Wenn es regnet, spannen die Radler ihre Regenschirme auf und treten weiter in die Pedale. Sie gehen mit dem Hund Gassi, indem sie Fahrrad fahren, während das verspielte Tier am Ende seiner Leine mitstolpert.

›› In der Vorstellung der Niederländer stellt das Rad eher eine Erweiterung ihres Körpers dar, als dass es als externes Verkehrsmittel wahrgenommen wird.

Auf der anderen Seite werden bei den strengen nationalen Trink- und Fahrgesetzen Radler eher mit Autofahrern als mit Fußgängern in einen Topf geworfen. Wird man betrunken auf seinem Rad erwischt, kann das zum Verlust des Führerscheins führen.

Fahrräder mögen zwar für eine Person gebaut sein, dies ist in niederländischen Augen jedoch nur eine unnötige Einschränkung. Eltern befestigen kleine Sitze – einen am Lenker und einen auf dem Gepäckträger –, um ihre Sprösslinge darin zu transportieren. Niederländische Mütter entwickeln kräftige Waden, während sie mit einem Kind vorne, einem hinten und mit von Einkäufen gefüllten Fahrradtaschen in die Pedale treten. Und es zeigt sich, dass der kräftige Rugbystürmer, der scheinbar in süßem Sopran singt, nur den vergnügten Winzling auf dem Gepäckträger hinter sich verdeckt. Auch Verliebte nutzen ein Rad zusammen, normalerweise mit der Frau seitlich auf dem Gepäckträger sitzend. Eine der ersten Lektionen des Erwachsenwerdens ist, dass man lernt, wie weit dabei die Beine des Mädchens seitlich herausstehen: Erste Rendezvous gehen ausnahmslos mit zerschrammten Knien einher.

» Auch Verliebte nutzen ein Rad zusammen, normalerweise mit der Frau seitlich auf dem Gepäckträger sitzend.

Verhalten

Die Familie

Ein Blick auf die Einträge in der Rubrik Geburten der überregionalen Tageszeitungen enthüllt die niederländische Ehrfurcht vor ihren Kindern: „Den Eltern Hans und Jiske wurde ein neuer Weltenbürger, Onno, geboren ... [Datum]."

Die niederländische Familie ist der Kern der *gezelligheid* und eine Akademie für das Erlernen von Verhandlungsgeschick und Toleranz. Niederländer behandeln Kinder mit Respekt und erwarten von ihnen, die Insignien der Respektabilität früh anzunehmen. Schon von klein auf lernen die Kinder „*gezellig* zu bleiben" und betragen sich damit in einer Art und Weise, die die Leute um sie herum nicht allzu sehr verärgert. „Verhalte dich normal, das ist verrückt genug", wird oft gemahnt – und in den Niederlanden ist das normalerweise auch wahr.

›› Die Niederländer schreiben ihrem Nachwuchs die Intelligenz zu, seine eigenen Entscheidungen für sein Leben zu treffen.

Dem Nachwuchs wird die Intelligenz zugeschrieben, seine eigenen Entscheidungen für sein Leben zu treffen. Wird über Pläne für eine Änderung des örtlichen Spielplatzes nachgedacht, wird eine niederländische Stadtverwaltung einen Fragebogen eher an die Kinder als an die Eltern schicken. Selbst in „Mama weiß es am besten"-Situationen gibt es Verhandlungsspielraum. In Supermarktgängen werden komplizierte Verträge abgeschlossen, während die Optionen für das

Abendessen diskutiert und Spinat und Broccoli gegen Erdbeereis und zusätzliche Kekse getauscht werden.

Niederländer erlauben Familien abenteuerliche Formen anzunehmen – und das tun sie dann auch mit Wärme und Begeisterung. Oma und Opa, die beim Weihnachtsessen neben ihrem Sohn, seinem Freund, ihrer unverheirateten Tochter und deren Kindern Platz nehmen, haben es oft gemütlicher als eine Familieneinheit mit Eltern unterschiedlichen Geschlechts und ihren 2,5 abscheulichen Blagen. Die Niederlande waren das erste Land der Welt, das schwule und lesbische Ehen vollständig legalisiert und den Familien, die dadurch geformt wurden, gestattet hat, sich mittels Adoptionen zu vergrößern.

›› Die Niederlande waren das erste Land der Welt, das schwule und lesbische Ehen vollständig legalisiert hat.

Tiere

Eine alte niederländische Redensart besagt, dass „Wenn ein Holländer seiner Tabakpfeife beraubt wird, er nicht glückselig in den Himmel kommen kann“. Heutzutage kann man „Tabakpfeife“ durch „Hund“ ersetzen. In einem solch dicht bevölkerten Land sollte man erwarten, dass kleinere Haustiere wie Wellensittiche, Hamster oder Goldfische die Norm wären, doch es ist der springende, ausgelassene, über-alles-sabbernde-und-sich-überall-erleichternde Mischling, der des Niederländers bester Freund ist. Es gibt kein Entrinnen. Hunde laufen in Parks, Geschäften, Kneipen und Restaurants frei herum.

Die landesweite Sauberkeitsobsession erfährt einen schweren Knacks, wenn es um Hundekot geht. Gehwege mutieren zu Hindernisparcours. Für Fußgänger bedeutet das, die Augen nach unten zu richten, den Schaufensterbummel zu vergessen und die Schuhe mit den tiefen Profilen zu Hause zu lassen. Pflastersteine mit der Abbildung eines hockenden Hundes, einem Pfeil und den Worten *In de goot* (In den Gulli) werden angeschnüffelt und ignoriert. Die Leute mögen ja mehrsprachig sein, aber ihre Hunde können nicht mal Niederländisch.

Die Älteren

Außer Hunden und Kindern besetzen auch die Älteren einen Ehrenplatz im niederländischen Pantheon – und sie sind entschlossen, diesen zu verteidigen.

›› Außer Hunden und Kindern besetzen auch die Älteren einen Ehrenplatz im niederländischen Pantheon – und sie sind entschlossen, diesen zu verteidigen.

Die jüngere Generation beginnt vielleicht, über eine „graue Plage" zu murren, wird aber mit entschiedenen Worten zurechtgewiesen. Die „graue Macht" regelt das: Nach einem Leben voll Schufterei meinte die „65+"-Brigade, dass sie ein bisschen Spaß verdient hätte, gründete ihre eigene Partei und schaffte es, sechs Sitze im Parlament zu gewinnen. Leider war das Alter das einzige Thema, bei dem sie sich einigen konnten. Eine Reihe von Streitereien zersplitterte die Gruppe, und so sitzen sie nun als Unabhängige im Parlament und finden ihre Befriedigung darin, sich selbst zu repräsentieren und ihre Lebensansichten zu äußern.

Kämpfen die Älteren gerade nicht für eine höhere Rente, trifft man sie vielleicht dabei, wie sie sich ihre Lungen für eine „graue" Version des Eurovision Song Contest aus dem Leib brüllen, durch die Landschaft radeln und im Allgemeinen ihr Leben in vollen Zügen genießen.

Exzentriker

Es ist schwierig, in den Niederlanden ein Exzentriker zu werden. Niederländische Toleranz bedeutet, dass alle Arten sonderlichen Verhaltens schlicht als normal umdefiniert werden. Die Grundregel lautet, dass alles Verhalten toleriert wird, solange es nicht un-*gezellig* oder schlecht fürs Geschäft ist. Indes gibt es ein deutliches Gefühl dafür, „die Pferde nicht scheu zu machen und seinen Kopf nicht über das Geländer zu strecken". Dafür sind die niederländischen Pferde weniger leicht scheu zu machen und die Geländer in den Niederlanden etwas höher als es die meisten anderen Europäer gewöhnt sind – verhalte dich normal, das ist verrückt genug ...

›› Es ist schwierig, in den Niederlanden ein Exzentriker zu werden.

Immigranten

Die Niederlande waren lange Zeit ein Hafen für Menschen, die begonnen hatten, den Seegang in ihrem eigenen Teil der Welt zu schwer zu finden. Als eine Nation guter Handelsleute wussten die Niederländer, dass es in ihrem eigenen Interesse war, bei Feinheiten politischer und Glaubensfragen flexibel zu sein. In vorigen Jahrhunderten flohen Protestanten von

Antwerpen in die Niederlande (und brachten ihr Wissen über die Diamantschleiferei mit), außerdem kamen Juden aus Portugal (inklusive Neuigkeiten über geheime Handelswege).

Heutzutage leben Türken, Surinamer, Indonesier, Marokkaner und Flüchtlinge aus dem Balkan – um nur einige zu nennen – neben niederländischen Eigengewächsen. Menschen aus den früheren Kolonien, vor allem aus Indonesien, sind mittlerweile Teil des Strickmusters der niederländischen Gesellschaft. Für die meisten anderen gilt aber, dass sie in einer Parallelgesellschaft leben. Die Niederländer ziehen sich in ihre *zuilen* zurück und packen die Immigranten in eine eigene.

›› Menschen aus den früheren Kolonien sind mittlerweile Teil des Strickmusters der niederländischen Gesellschaft.

Viele zeigen entschlossen ihre Toleranz für Flüchtlinge und Ausländer und weisen manchmal sogar darauf hin, wie sie die heimische Küche aufgepeppt und einige Stadtteile etwas farbenfroher gemacht haben, fügen aber dennoch hinzu, dass es halt innerhalb der adretten Grenzen der eigenen „Schublade" doch noch *gezelliger* ist. In einigen Ecken dieser separaten Schubladen gibt es ein unheilvolles Gemurre darüber, dass Ausländer die Wohnungen und Jobs wegnehmen und dass, wie gastfreundlich die Niederländer auch sein möchten, die Niederlande leider eben schon zu voll seien. Es gibt die Sorge, die niederländische Lebensweise sei bedroht. Die Bruchstellen im Pflichtpanzer der Toleranz werden größer und die Leute sind in ihrer Definition, was es bedeutet, Niederländer zu sein, strenger geworden.

Das Gesetz verlangt, dass Leute aus anderen Kulturen einen Prozess der *inburgering* (Einbürgerung) durchlaufen. Dieser beinhaltet nicht nur Sprachkurse, sondern auch Unterricht darüber, wie verschiedene Aspekte der niederländischen Gesellschaft funktionieren und wie man sich eingliedert. Ausländer müssen sich nicht integrieren, sie sollen sich assimilieren. Es ist ein Versuch, zu verhindern, dass chaotische fremdländische Gewohnheiten zu sehr von der niederländischen Norm abweichen.

Welkom

Manieren & Etikette

Niederländische Manieren drehen sich eher um Umgänglichkeit als um starre Formen. Ihr Ziel ist es, ein *gezelliges* Ambiente zu schaffen, in dem alle entspannen und das Miteinander genießen können. Trotzdem gibt es Fettnäpfchen, in die der Unvorsichtige stapfen kann. Man merkt, dass man in ein solches getreten ist, wenn sich die Atmosphäre plötzlich abkühlt. Man wird meist nicht lange im Dunkeln gelassen. Normalerweise werden einem Niederländer genau sagen, was man

» **Niederländische Manieren drehen sich eher um Umgänglichkeit als um starre Formen.**

falsch gemacht hat – und dann ist es an einem selbst, sich von deren Unverblümtheit verletzt zu fühlen.

Begrüßungen

Trifft man sich zum ersten Mal, lächeln die Niederländer, schütteln sich die Hände und sagen ihren Namen. Der Händedruck ist herzlich und liegt irgendwo zwischen dem deutschen Gewichtheben und britischer Kürze. Bald wird man sich eher beim Vor- als beim Nachnamen ansprechen, wenn auch nicht mit dem Eifer, den Amerikaner in dieser Sache zeigen. In der Zwischenzeit bildet man sich von seinem Gegenüber eine Meinung.

›› Begrüßt man Menschen in den Niederlanden, ist es hilfreich, etwas in der Hand zu halten, vor allem Blumen und Kaffee.

Kollegen und Bekanntschaften bleiben beim Händeschütteln, das sich in Länge und Herzlichkeit steigert, wenn man sich mag. In den Gefilden der Freundschaft macht der Händedruck Platz für den niederländischen Kuss – einen auf jede Wange und noch einen dritten als Zugabe. Niederländer schütteln Hände oder küssen sich, wenn sie sich treffen oder verabschieden, ausnahmslos und ohne Rücksicht auf die Geschlechter, wobei sich Männer im Gegensatz zu Frauen untereinander nur selten und nur nach langer und enger Freundschaft auf die Wangen küssen.

Begrüßt man Menschen in den Niederlanden, ist es hilfreich, etwas in der Hand zu halten, vor allem Blumen und Kaffee. Niederländer beiderlei Geschlechts schenken einander schon bei der geringsten Gelegenheit Blumen. Blumensträuße werden weitergegeben wie Küsse auf die Wangen. Der nächste Schritt nach der Begrüßung ist es, wenn unter den gegebenen Umständen menschlich nur irgendwie möglich, eine Tasse Kaffee zu trinken.

Gebärden und Beleidigungen

Das Herumfuchteln mit den Armen ist ein Aspekt fremdländischer Kulturen, den die Niederländer nicht übernommen haben – ganz im Gegensatz zu einem wackelnden Zeigefinger angesichts von Extravaganz, Intoleranz oder Faulheit – ein ununterdrückbarer, einheimischer Reflex. In Fällen großer Wut kann sich der wackelnde Zeigefinger auch einem gestreckten Mittelfinger beugen oder sich in eine an die Stirn klopfende Bewegung verändern, um die Zurechnungsfähigkeit eines anderen in Frage zu stellen.

» In Fällen großer Wut kann sich der wackelnde Zeigefinger auch einem gestreckten Mittelfinger beugen.

Mit Worten drücken die Niederländer ihre Verachtung mittels Verdammung von Dingen im Namen Gottes aus und beleidigen einander mit freimütigen Referenzen bezüglich der Genitalien und Körperfunktionen. Dieser Missbrauch ist manchmal kaum von Zuneigung zu unterscheiden. *Scheetje* (kleiner Furz) oder *drolletje* (kleiner Scheißhaufen) sind beides zärtliche Kosewörter.

Finger weg

Die niederländische Genügsamkeit erlaubt Gästen nur ein Stück Kuchen zum Kaffee. Würde man ein zweites Stück nehmen (im seltenen Fall, dass einem eins angeboten wird), würde dies zu derselben Missbilligung führen wie das Herunterrasseln der eigenen Leidensgeschichte auf die formelhaft gestellte Frage „Wie geht's dir?".

Wenn man sich beim Sherry vor dem Abendessen eigenständig Oliven oder Erdnüsse nimmt, wird dies hochgezogene Augenbrauen verursachen. Die Verteilung solcher Großzügigkeiten liegt ausschließlich im Wirkungsbereich des Gastgebers. Konfrontiert man die Niederländer als Gäste am Tisch eines Dinners mit einem herzlichen „Greif zu!", werden sie sich schämen oder hungrig bleiben – oder beides.

» Die niederländische Genügsamkeit erlaubt Gästen nur ein Stück Kuchen zum Kaffee.

Sie und du

Während sie auf der Skala von der Bekanntschaft in eine Freundschaft gleiten, wechseln die Niederländer vom formalen *U* (Sie) zum *je* und *jij*, dem du. Sie sind dabei schneller als die Deutschen und viele jüngere Niederländer scheren sich überhaupt nicht mehr ums *U*. Viele Chefs und Senioren erwarten aber immer noch mit *U* angesprochen zu werden, selbst wenn das Gespräch recht freundschaftlich geführt wird. Viele drucksen herum und verbergen sich hinter komplizierten Satzstrukturen, bis jemand aus Versehen ein *je* benutzt und die Barriere damit überwindet.

Wird man in Läden vom Verkaufspersonal mit *U* statt mit *je* angesprochen, ist dies ein trauriger Fingerzeig, dass man endgültig die Abbiegung ins mittlere Alter genommen hat. Ein Dankeschön wird auch am besten mit *U* ausgedrückt. Niederländischen Kindern wird beigebracht, sich „mit drei Worten zu bedanken" – *Dank u, meneer/mevrouw* (wörtlich: Dank Ihnen, mein Herr/meine Frau) anstatt lediglich mit *bedankt* (eine Kurzform von „ich bedanke mich"), bei dem man praktischerweise das Fürwort weglassen kann. Geschäftsbriefe sollten immer ein *U* enthalten und einen Satz in einem Brief mit *Ik* (ich) anzufangen, wird als unzumutbare Arroganz angesehen.

Schlange stehen

In einer Schlange anzustehen, ist keine ursprünglich niederländische Verhaltensweise, sondern wurde mit mäßigem Erfolg importiert. In Läden werden die Schlangen immer öfter mit elektronisch aufleuchtenden Nummern und Zetteln organisiert. Die Leute laufen in der Zwischenzeit etwas niedergeschlagen umher, bis ihre Nummer aufgerufen wird. Wenn keine technischen Hilfsmittel vorhanden sind, stehen sie in der Schlange, wobei der wichtige Faktor nicht so sehr die Reihenfolge der Leute ist, als vielmehr der Abstand zwischen dem, der als Nächster an der Reihe ist, und der Person, die gerade am Schalter ein Geschäft tätigt.

›› In einer Schlange anzustehen, ist keine ursprünglich niederländische Verhaltensweise, sondern wurde mit mäßigem Erfolg importiert.

Niederländer respektieren die Privatsphäre sehr, insbesondere bei finanziellen Angelegenheiten, und so wird auch erwartet, dass man zwischen sich und demjenigen, der gerade Geld abhebt oder Briefmarken kauft, mindestens einen Meter Abstand einhält. Oftmals ist auf dem Boden eine Linie eingezeichnet, die man nicht überschreiten darf. In Läden ist das Schlange stehen eine eher abstrakte Angelegenheit. Betreten sie ein Geschäft, merken sich die Niederländer, wer vor ihnen da war. Die Verkäufer lehnen jegliche Verantwortung ab, indem sie einfach rufen: „Wer ist als Nächstes dran?", und es den Kunden überlassen, ihr Recht zu behaupten, an der richtigen Stelle dranzukommen, was diese auch mit unmissverständlichen Worten tun. Beim Einsteigen in Busse, Straßenbahnen und Züge gilt das Recht des Ellenbogens, der Schirme und der bloßen Masse.

›› Beim Einsteigen in Busse, Straßenbahnen und Züge gilt das Recht des Ellenbogens, der Schirme und der bloßen Masse.

Kultur

Mischung und Anpassung

Niederländer sind in kultureller Hinsicht wie Elstern. Sie beobachten scharfäugig die Kulturtrends anderer Völker und sind schnell dabei, wenn es darum geht, prickelnde, neue Modetrends aufzugreifen. Das bedeutet, dass sie, anstatt eine eigene indigene Kultur zu schaffen, eher gierige Konsumenten der Kultur anderer geworden sind – wahre Europäer, deren kulturelle Launen und Modeerscheinungen keine Grenzen kennen. Die Niederlande verhalten sich wie ein gigantischer Kulturschwamm.

» Die Niederlande verhalten sich wie ein gigantischer Kulturschwamm.

Die niederländischen Bücherregale sind voller Bücher aus Großbritannien, Deutschland, Amerika und Frankreich, oftmals in der Originalsprache. Ausländische Bücher werden bereits lange bevor sie in der Übersetzung erscheinen in der niederländischen Presse besprochen. Aus den heimischen Lautsprechern schallt Musik aus allen Teilen der Welt, die Theater füllen sich für deutsche Schauspiele und britische Musicals, und die Leute strömen zusammen, um sich spanische und italienische Filme anzusehen. Selbst die nationalen niederländischen Klischees sind nicht allesamt Eigengewächse. Holzschuhe werden auch in anderen schlammigen nördlichen Gefilden getragen, bei Delfter Porzellan handelt es sich um eine Imitation chinesischen Porzellans und Tulpen stammen ursprünglich aus der Türkei.

Vor vier Jahrhunderten, während der berauschenden Zeit des Goldenen Zeitalters in den Niederlanden, malten niederländische Künstler (in dem protestantischen Land keinen Markt für Jungfrauen und Heilige findend) sich selbst und die Leute um sich herum. Das Resultat war ein genaues und intimes Portrait ihres Lebens und der Zeit, in der sie lebten. Niemals wieder hat es die niederländische Kunst geschafft, so niederländisch zu sein.

» Heute beherbergen die Niederlande mehr Künstler pro Quadratmeter als alle anderen Länder Europas.

Der abstrakte Künstler Piet Mondriaan – er selbst zog es vor, das zweite „a“ in seinem Namen fallen zu lassen, um ihn französischer klingen zu lassen –, der beim Malen seiner Blöcke aus vertikalen und horizontalen Linien von der niederländischen Landschaft inspiriert wurde, emigrierte nach Amerika und die ganze Welt machte einen Anspruch auf sein Werk geltend. Heute beherbergen die Niederlande mehr Künstler pro Quadratmeter als alle anderen Länder Europas. Aus Vorstadtgärten sprießen kurios geformte Skulpturen und die Innenräume öffentlicher Gebäude sind mit unergründlichen Gemälden dekoriert. In den größeren Städten gibt es „Artotheken“, bei denen man Original-Kunstwerke für zu Hause ausleihen kann. Hierbei handelt es sich um Werke von Künstlern, die gerade im Kommen sind und die von der Stadtverwaltung bezahlt wurden, was auf eine Bezuschussung moderner Kunst durch die Hintertür hinausläuft.

Ihrer Händlernatur entsprechend brillieren die Niederländer darin, sich die Kulturprodukte anderer Völker anzueignen und deren Wert zu steigern. Das *Koninklijk Concertgebouworkest* reiht sich schon lange in die Riege der Allerbesten ein und ist vor allem für seine Aufführungen von Werken Gustav Mahlers berühmt, eines österreichischen Komponisten.

Die Nation ist auch unerschrocken, wenn es darum geht, ausländische Talente anzuwerben, um ihre Kulturinstitutionen zu leiten. Zur Zeit des Jahrtausendwechsels war der residierende Dirigent des Concertgebouw-Orchesters ein Italiener, der Leiter des Van-Gogh-Museums ein Schotte, die Kompanie des Nationalballetts wurde von einem Kanadier geleitet und die Operngesellschaft von einem Franko-Libanesen angeführt.

» Einer verblüfften Öffentlichkeit wird verrückte Kunst im öffentlichen Raum präsentiert.

Der gleiche Geist von Abenteuer, Innovation und Freude an Andersartigem, der die Händler der holländischen Ostindischen Kompanie beflügelt hat, inspiriert heute niederländische Architekten und Designer. Studenten werden in ausrangierten Schiffscontainern untergebracht, die in Appartements umgewandelt wurden; in Gewerbegebieten am Rande der Stadt werden zickzackförmige Bürogebäude mit skurrilen Ecken und windschiefen Linien oder gar in der Form eines Joggingschuhs zur Schau gestellt. Einer verblüfften Öffentlichkeit wird verrückte Kunst im öffentlichen Raum präsentiert wie etwa eine Masse synthetischer, frittierter Eier (wobei das Eigelb die Größe eines Iglus hat), die sich über einen Platz ausbreitet, und Neonlichter, auf denen „Hahahahahahaha" aufleuchtet.

Die Presse

Niederländer sind begeisterte Zeitungsleser, haben diese meist abonniert und bekommen sie deshalb eher an die Tür geliefert als sie an einem Kiosk zu kaufen. Das bedeutet, dass Zeitungen eher zu Hause als in der Straßenbahn oder im Zug gelesen werden. Viele Familien sind seit Generationen ihrer Zeitung treu – vor allem die Leser von *Trouw* und *Het Parool,* die als Widerstandszeitungen während der Besatzungszeit der Nazis aufblühten.

» Das Zeitunglesen garantiert, dass das Leben gezellig sein kann, wenn man allein ist.

Außer *De Telegraaf* (eine Boulevardzeitung) neigen die Zeitungen dazu, sensibel und nicht sensationslüstern zu berichten. Die Art von anzüglicher Sensationslust, welche z. B. die britische Boulevardpresse füllt, wäre in den Niederlanden, wo die Privatsphäre stets respektiert wird, so nicht denkbar. Wilde Spekulationen und reißerische Erzählstränge sind das Territorium der billigen Illustrierten, die für gewöhnlich in Waschsalons, beim Friseur, in Snackbars oder im Wartezimmer des Zahnarztes gelesen werden.

In Kneipen und Cafés gibt es stapelweise Zeitschriften und Zeitungen, sodass man sich, kommt man frühzeitig, schnell noch schlau machen und eine Meinung bilden kann, mit der man durch den Rest des Abends kommt. Das Lesen garantiert auch, dass das Leben *gezellig* sein kann, wenn man allein ist. Niemand beschwert sich, wenn man bei nur einer einzigen Tasse Kaffee den ganzen Nachmittag damit verbringt, alle Zeitschriften und Zeitungen zu verschlingen, die im Café herumliegen.

Literatur

Die Literatur ist das einzige Gebiet, auf dem die niederländische Kultur eine Insel geblieben ist, unzugänglich durch ihre für die meisten anderen Europäer unverständliche Sprache. Paradoxerweise ist auf dieser Insel das kulturelle Klima am gesündesten. Jeder schreibt einen Roman. Fernsehproduzenten von Talkshows scheinen aus einem endlosen Vorrat von Autoren schöpfen zu können. Alte Haudegen ihres Fachs, wie Willem Frederik Hermans, hatten Erstauflagen um die 500.000 Exemplare und selbst Debütanten erreichen mitunter enorme Auflagen, wenn dies auch nur noch sehr selten geschieht. Andere Nationen nehmen die niederländische Literatur in den letzten Jahrzehnten vermehrt wahr. Autoren wie Cees Nooteboom, Arthur Japin und Harry Mulisch wurden mit einigem Erfolg übersetzt und Herman Kochs Roman „Angerichtet" („Het Diner") war ein großer internationaler Hit. Die kleinen Geschichten von Simon Carmiggelt bringen ausländische Leser so nahe wie nur irgend möglich an das, was *gezelligheid* im Innersten ausmacht.

›› Jeder schreibt einen Roman.

Niederländer beginnen ihren Raubzug durch die anderen Kulturen bereits in jungen Jahren. Pu der Bär und die Einwohner der Sesamstraße treten gemeinsam mit Jip und Janneke an – ein Junge und ein Mädchen, die nebeneinander wohnen und sich zum ersten Mal begegnen, als sie ihre Nasen durch die Hecke aneinander reiben. Jip und Janneke sind auf eine gesunde Art und Weise frech, lernen aber auch immer etwas über gute Nachbarschaft und richtiges Benehmen. Sie nehmen einen besonderen Platz im Herzen der Nation ein und ihre Silhouetten kann man von Toilettentüren bis hin zu Kaffeetassen überall finden.

Außer Jip und Janneke ist die Welt der niederländischen Kinderliteratur von unerträglich frommen Wesen bevölkert – angefangen bei dem Jungen, der die Welt rettet, indem er seinen Finger in den Deich steckt, bis hin zu Dik Trom, einem dicken Dorfjungen mit einem goldenen Herzen, der jederzeit den Blinden und Armen hilft. Dik sieht vielleicht nicht toll aus, aber im Inneren – und daran erinnern seine Eltern alle andauernd – „ist er ein ganz spezieller Junge und das ist eine Tatsache“. Niederländer wachsen in dem Glauben auf, sie seien der europäische Dik Trom.

›› Niederländer wachsen in dem Glauben auf, sie seien der europäische Dik Trom.

Freizeit und Vergnügen

Obwohl harte Arbeit ein notwendiges Übel ist, wird sie leicht ertragen. Die Niederländer arbeiten weniger Stunden pro Jahr als irgendjemand anderes in der westlichen Welt (durchschnittlich 1.397, verglichen mit 1.467 in Deutschland und 1.790 in den USA) und sind ebenso Weltspitze beim Prozentsatz der Arbeiter (33 %), die es vorziehen, mit wenigen Arbeitstagen pro Woche zurechtzukommen.

» Machen die Niederländer eine Pause von der Bürde der harten Arbeit, entspannen sie sich bei einer Tasse Kaffee.

Machen die Niederländer eine Pause von der Bürde der harten Arbeit, entspannen sie sich bei einer Tasse Kaffee. Zu besonderen Gelegenheiten tun sie das mitunter bei jemandem zu Hause (wobei sie mit dem obligatorischen Blumenstrauß kommen und das obligatorische einzelne Stückchen Kuchen konsumieren). Meist treffen sie sich aber in der Kneipe. Die Kneipe um die Ecke ist eine Art kommunales Wohnzimmer – gemütlich, fröhlich und voller Leute, die ihr eigenes Wohnzimmer verlassen haben (leer und makellos, mit offenen Vorhängen, sodass alle reinschauen können).

Die wichtigste Voraussetzung, um in die Kneipengemeinschaft aufgenommen zu werden, ist eine Meinung. Mit wenigstens einer Meinung bewaffnet, kann ein Niederländer den ganzen Abend damit verbringen, sich relativ günstig in endlosen Diskussionsschlachten an einer Tasse Kaffee oder, wenn der Abend vorangeschritten ist, an einem kleinen Glas

Bier festzuhalten. Nur ein wichtiges Fußballspiel, das sich auf dem Fernseher in der Ecke ins Bewusstsein drängt, kann den Fluss unterbrechen.

Bei Freizeitaktivitäten des 21. Jahrhundert fallen die Niederländer hinter andere Nationen zurück – nicht weil sie altmodisch sind, sondern weil es zuviel kostet. Im Durchschnitt blättern amerikanische Gamer jährlich 113 Euro für ihren Zeitvertreib hin und Belgier 121 Euro, während Niederländer es gerade mal auf 64 Euro schaffen.

Urlaub

Die Niederländer halten eine Auszeit von ihrem eigenen Klima für essentiell für ihre Gesundheit und mentale Stabilität und betonen die absolute Notwendigkeit des Vitamins V (wobei V für *vakantie,* Urlaub, steht). Sie verbringen ihre Ferien am liebsten dort, wo sie die Sonne aufsaugen können, und so machen sie sich auf in die Hügel Frankreichs oder an die sonnigen Küsten Griechenlands oder Spaniens. Der Erfolg niederländischen Urlaubsgenusses wird im erreichten Bräunungsgrad und der Anzahl der Tage, an denen es nicht geregnet hat, gemessen.

» Der Erfolg niederländischen Urlaubsgenusses wird im erreichten Bräunungsgrad und der Anzahl der Tage, an denen es nicht geregnet hat, gemessen.

Selbst diejenigen, die Arbeitslosengeld beziehen, haben ein Recht auf einen jährlichen Urlaub, auf dass sie irgendwo in der Sonne liegen und sich vom Stress, arbeitslos zu sein, erholen können. Dies funktioniert, weil die Sozialversicherung ihren Klienten etwas weniger auszahlt, als ihnen eigentlich zustehen würde, wodurch sie zwangsweise einen Spargroschen für den Urlaub zurücklegen (natürlich stecken die Behörden die Zinserträge hieraus in die eigene Tasche). Und wenn Arbeitnehmer *overspannen* (wörtlich: überspannt), also vollkommen überarbeitet sind, gibt ein Krankenschein vom Arzt den Armen die Möglichkeit, Monate oder in einigen Fällen gar Jahre, bei nahezu vollem Gehalt, der Arbeit fernzubleiben.

Aber beim Zug über die Grenze in sonnigere Gefilde hört alle Abenteuerlust auf. In allem, außer dem Wetter, ziehen die Niederländer es vor, ihren Urlaub so niederländisch wie nur möglich zu gestalten. Dies erreicht man am sichersten, wenn man sein eigenes Zuhause mitnimmt: Es gibt in den Niederlanden fast eine halbe Million Wohnwagen. Manchmal ziehen ganze Nachbarschaften zusammen los, um dann eine *gezellige* Ecke auf irgendeinem ausländischen Campingplatz zu errichten, in der es die ganze Zeit über ausschließlich niederländisch zugeht.

» Mit dem Wohnwagen unterwegs zu sein, hat den Vorteil, dass es billig ist.

Mit dem Wohnwagen unterwegs zu sein, hat außerdem den zusätzlichen Vorteil, dass es billig ist. Und selbst wenn sie sich eine Ferienwohnung gönnt, wird eine niederländische Familie immer den Kofferraum mit Kartoffeln und anderen sinnvollen niederländischen Vorräten füllen, um ihre Mägen gegen Angriffe ausländischer Nahrungsmittel zu schützen und sicherzugehen, dass sie unterwegs kein Geld ausgeben muss. Zum Sommeranfang kann man sogar in den Supermärkten Schilder entdecken, die ihre Kunden anspornen, ihre Vorräte aufzufüllen, bevor sie ins teure Ausland aufbrechen. Die Franzosen beschweren sich darüber, dass die Niederländer sogar ihr eigenes Wasser mitbringen. (Die Sparsamkeit beschränkt sich nicht nur auf Camper. Gambia hat einmal sogar einen Bann auf niederländische Touristen verhängt, weil die ihr eigenes Essen mitbrachten und nichts zur lokalen Wirtschaft beitrugen.)

›› Zum Sommeranfang kann man in den Supermärkten Schilder entdecken, die ihre Kunden anspornen, ihre Vorräte aufzufüllen, bevor sie ins teure Ausland aufbrechen.

„Ja, aber ...", auf der anderen Seite bleibt doch noch etwas von dem Abenteuergeist des Goldenen Jahrhunderts. Die Macht, die die Niederländer vor Jahrhunderten dazu trieb, unbekannte Regionen auf dem Erdball zu erforschen, trägt sie auch heute noch davon und setzt sie an entlegenen Orten ab. Geht man auf eine einsame Abenteuerklettertour im Himalaya oder auf eine Kanufahrt entlang eines tropischen Flusses, wird das Pärchen, das aus der Ferne auf einen zuwandert, mit der ganzen *degelijke* (absolut korrekten) Ausrüstung, Reiseführern in drei Sprachen und den lokalen Dialekt perfekt sprechend, mit Sicherheit ein niederländisches sein.

Sport

Die meisten Niederländer scheinen mit ihrer täglichen Leibesübung auf dem Fahrrad zufrieden zu sein, allerdings ist ein Volk, das so nah am Wasser wohnt, verständlicherweise auch gut im Schwimmen und räumt jede Menge Goldmedaillen bei den Olympischen Spielen ab.

Im Winter fahren viele Schlittschuh. Wird es richtig kalt, schleifen die Leute ihre Kufen und reden über nichts anderes als die *elfstedentocht,* einen Schlittschuhmarathon, der auf den Grachten und Wasserwegen zwischen elf friesischen Städten stattfindet. Der Schauder der Vorfreude, ob der Frost sich weit genug ausdehnt oder nicht, ist ebenso spannend wie das Rennen selbst – was auch gut so ist, denn es ist fast nie kalt genug, um das Rennen tatsächlich stattfinden zu lassen.

Konfrontiert mit ihrem flachen Land, haben die Niederländer eigene Sportarten erfunden. Die Mitglieder des Niederländischen Bergsteigerklubs verbringen ihre Wochenenden aus schierer Verzweiflung damit, an den Wänden großer Gebäude oder an speziell konstruierten (und kommerziell sehr profitablen) Kletterwänden hinaufzukraxeln. Andere wiederum entscheiden sich für das „horizontale Bergsteigen", indem sie zum Beispiel oberschenkeltief durch den schwarzen, saugenden Schlamm an der friesischen Küste waten. Sie tun das stundenlang, bevor sie ihre Sachen zusammenpacken und wieder heimwärts ziehen. Anfang August kann man auch noch einen anderen selbsterfundenen Zeitvertreib beobachten – auf Pfählen sitzen. Männer sitzen auf Pfählen, die in der Nordsee stehen, bis sie herunterfallen. Wer als letzter übrig ist, hat gewonnen. Das Aushalten von Unbequemlichkeit rettet diesen Sport vor jeglicher uncalvinistischer Tendenz zur Frivolität.

» Männer sitzen auf Pfählen in der Nordsee bis sie herunterfallen.

Nach einem soliden niederländischen Essen gibt es nichts Besseres, als sich nach draußen zu wagen, um in der frischen Luft *uittewaaien* (auszuwehen), also zum Spaß bei einer steifen Brise einen Spaziergang zu machen. Geht es darum, anderen Leuten zuzuschauen, wie sie den Elementen trotzen und ihre Kräfte miteinander messen, dann bevorzugen die allermeisten den Fußball vor allen anderen Sportarten. Wichtige Spiele haben dazu geführt, dass Gemeinderatssitzungen unterbrochen wurden, und die Fans dazu gebracht, Siege auf offiziell genehmigten Straßenpartys zu feiern. Während der Saison überragt der Fußball das Wetter als Gesprächsstoff und die Fernbedienung verstaubt hinter dem Sofa, weil der Fernseher auf den Sportsender eingestellt bleibt.

›› Während der Saison überragt der Fußball das Wetter als Gesprächsstoff.

Fernsehen

Die Niederlande haben eines der ältesten und flächendeckensten Kabelfernsehnetzwerke in Europa. Fast jeder Haushalt im Land hat englische, deutsche, französische, belgische und italienische Kanäle sowie eine Reihe lokaler und spezieller Fernsehsender sofort greifbar – ein wahrhaftes Festmahl, von dem genussvoll ausgewählt wird. Dies passt genau in ihren kulturellen Ansatz. Kabelfernsehen ist der moderne Ausdruck dessen, was die Niederländer seit Jahrhunderten tun. Sie sind die geübtesten kulturellen Zapper der Welt.

Die niederländischen Sender bieten eine Mischung aus ausländischen Filmen, geschmacklosen Spielshows, übertrieben gespielten Soaps und Talkshows. Leuten beim Grübeln, Argumentieren und Meinungen vertreten zuzuschauen, spricht die Nation an, deshalb erreichen Talkshows hohe Zuschauerzahlen. Die populärsten werden live in Cafés aufgenommen – eine Bildschirm-Spiegelbild dessen, was die Niederländer tun, wenn sie gerade kein Fernsehen schauen.

Sex

Die niederländische Vorliebe für Offenheit und Deutlichkeit wirft auch ein strahlendes Licht auf die für viele andere Nationen schmutzige Domäne des Sex. Vor allem die Engländer erschrecken bei diesem grellen Schein. Aber da es sich um eine Angelegenheit handelt, die im Rampenlicht steht, ist Sex für die Niederländer genauso Teil der durchschaubaren, rationalen Welt wie die komplizierteren Gefilde der Leidenschaft. So wirbt ein Bordell im Süden der Niederlande mit Spezialtagen für Körperbehinderte. Ein vollständig angezogener Fernsehansager kann vor dem brodelnden Hintergrund einer live gefilmten „Safe Sex Orgie" frei über die Notwendigkeit von sicherem Sex sprechen. Der glatzköpfige Leiter eines sadomasochistischen Klubs wird (im Bett) nicht etwa darüber interviewt, was seine Klubmitglieder mögen, sondern darüber, wie der Klub organisiert ist.

» Die niederländische Vorliebe für Offenheit und Deutlichkeit wirft auch ein strahlendes Licht auf das Thema Sex.

Bei persönlichen Beziehungen sind die Niederländer genauso offen. Eine nationale Zeitschrift hat eine beliebte Kolumne, in der Paare nackt posieren (Köpfe und Name weglassend) und offen über die körperlichen Eigenschaften des anderen sprechen. Die beliebtesten Fernsehprogramme sind die, in denen Paare, die sich getrennt haben, wiedervereinigt werden (oder nicht, je nachdem) und das vor der ganzen Nation.

Sinn für Humor

›› Ungeachtet ihrer Verachtung allem Deutschen gegenüber schwelgen die Niederländer in Schadenfreude.

Der niederländische Sinn für Humor findet Malheur und Missgeschick reizvoller als verbale Akrobatik. Über jemanden, der von seinem Stuhl auf den Boden fällt, wird mehr gelacht werden als über das raffinierteste Wortspiel. Onkel Theo, der kurz verschwindet und dann in Tante Mieps Kleid erscheint, wird wesentlich mehr Erfolg haben, als Versuche geistreicher Neckereien am abendlichen Esstisch. In dieser krawallartigen Ausgelassenheit verbirgt sich eine Neigung zur Härte und Grausamkeit. Eine gute Portion Leiden und Demütigung wird das niederländische Publikum vor Heiterkeit von den Stühlen fallen lassen. Ungeachtet ihrer Verachtung allem Deutschen gegenüber schwelgen die Niederländer in Schadenfreude.

Ein Hauch von Unanständigkeit und das Brechen einzelner Tabus sind ebenfalls übliche Inhaltsstoffe für eine gute Pointe. Wären sie nicht so auf „political correctness" bedacht, würden die Niederländer Benny Hill lieben. Viele tun das im Geheimen auch.

Die raffinierteren Sorten niederländischen Humors sind trocken und erfreuen sich an Absurdität und dem Auf-den-Kopf-Stellen sozialer Werte. Mitunter führt dies in milderer Form zu einer nationalen Schrulle, die Gemeinderäte dazu bringt, Straßenbahnen mit Cartoons und leuchtenden Designs verzieren zu lassen. Manchmal wird diese Art des Humors aber auch überstrapaziert und verblüfft Außenstehende: „Großer Gott", prustet der Neureiche, als er das Cocktailkleid seiner Gastgeberin entdeckt, und bringt die Partygespräche zum Stocken: „Was für ein wunderbarer Stoff. Daraus hätte man ein tolles Kleid machen können!"

» Niederländer sind zu direkt, als dass sie sich in Ironie versuchen würden.

Niederländer sind zu direkt, als dass sie sich in Ironie versuchen würden. Sie werden für bare Münze nehmen, was man sagt, und sorgfältig geschliffene Ironie als Irrtum, Beleidigung oder Sarkasmus interpretieren. Mit den Engländern teilen sie aber die Fähigkeit, über sich selbst zu lachen – „Wie wurde Kupferdraht erfunden?" „Als sich zwei Niederländer um einen *stuiver* (ein kupfernes 5-Cent-Stück) stritten."

Essen & Trinken

Was wo verkauft wird

Riesensupermärkte locken die Kunden, aber groß angelegtes, unpersönliches Einkaufen ist nicht wirklich niederländisch. Kleine, spezialisierte Nachbarschaftsläden sind *gezelliger* und der lokale Markt ist wahrscheinlich billiger. Die meisten kaufen ihre Vorräte eher täglich als in plastikverpackten Großgebinden und freuen sich darauf, einen kleinen Plausch zu halten und vielleicht sogar einen Kaffee zu trinken, wo sie schon mal da sind.

> **» Den Käse zu kosten, bevor man ihn kauft, und zu entscheiden, ob man ein schräges oder gerades Stück möchte, ist Teil des Einkaufserlebnisses.**

Die Niederländer grüßen den Ladenbesitzer vergnügt, wenn sie hereinkommen, und gehen wieder mit einem freundlichen *„Tot ziens“* (Auf Wiedersehen). Wenn sie an der Reihe sind, erwarten sie, dass ihnen alle Zeit der Welt zugestanden wird, um auszuwählen und auszusuchen und den Tag vergehen zu lassen. Den Käse zu kosten, bevor man ihn kauft, den Käseverkäufer um Rat zu fragen und zu entscheiden, ob man ein schräges oder gerades Stück möchte, ist Teil des Einkaufserlebnisses. Außerhalb der Geschäfte spielen farbenfroh angemalte Straßenorgeln Melodien, die der eigentlich alltäglichen Tätigkeit eine fröhliche Atmosphäre verleihen.

Lokale Handelsgewerkschaften haben die wöchentlichen Öffnungszeiten gedeckelt. Ladenbesitzer in den Niederlanden haben am Samstagnachmittag geöffnet, können wählen, ob sie am Sonntag öffnen wollen oder nicht und haben montagmorgens geschlossen, wenn sich sowieso fast niemand die Mühe machen würde, ihren Laden aufzusuchen.

Zu später Stunde findet man in den Nachtläden der Nachbarschaft, die öffnen, wenn die anderen zumachen, praktisch alles von Chorizo bis Champagner. Frische Blumen, für den sozialen Kontakt in den Niederlanden unabdingbar, kann man zu jeder Zeit kaufen, an Kiosken entlang der Straße, in Nachtläden und sogar an Tankstellen. Kaffee, ein anderer Grundartikel des täglichen Bedarfs, findet man an den komischsten Orten, einschließlich der Metzgerei.

›› Die Quantität ist in der niederländischen Küche genauso wichtig wie die Qualität.

Das Festessen

Erasmus von Rotterdam, der große niederländische Humanist und Gelehrte aus dem 16. Jahrhundert, bemerkte, dass seine Landsleute „nicht für ernsthafte Laster anfällig seien, außer vielleicht ein bisschen, sich Genüssen hinzugeben, vor allem dem Schlemmen“. Vier Jahrhunderte später ist die landesweite Fähigkeit reinzuhauen und ordentlich zu trinken weiterhin eindrucksvoll. Die Quantität ist in der niederländischen Küche genauso wichtig wie die Qualität. Das Nationalgericht, *hutspot* (Durcheinander), ist ein gut durchgekochter Eintopf, mit dem ursprünglich nach der Belagerung der Stadt Leiden die hungernden Einwohner ernährt wurden. Diesen Zustand des Heißhungers benötigt man noch immer, um ihn wirklich wertschätzen zu können.

Zum Frühstück gibt es in den Niederlanden Kaffee (in Mengen), Brot, Käse, Schokoladenflocken (um sie aufs Brot zu streuen und von dort über den ganzen Tisch) und dann noch eine Tasse Kaffee. Das Mittagessen beinhaltet Kaffee und ein *broodje* – ein Brötchen mit Käse oder Schinken, auch serviert als *gezond* („gesund“ – mit cholesterinlastigem Käse, einem vereinzelten Salatblatt und einem Ei als Zugabe). Zum Kaffee kommt noch ein gutes, gesundes Glas Milch hinzu – oder noch besser, dicke Buttermilch.

›› Zwischen den Mahlzeiten stopfen Niederländer große Mengen an Pommes frites in sich hinein.

Zwischendrin gibt es eine oder zwei Kaffeepausen. Mitten am Nachmittag trifft man sich vielleicht mit einem Freund auf eine Tasse Kaffee und gönnt sich dann ein *gebakje* – normalerweise ein Stückchen Apfelkuchen mit Sahne. Komischerweise ist die einzige Sahne, die es in diesem Land von Milch und Käse gibt, dünn und wässrig oder zu einem geschmacklosen Schaum aufgeblasen. Das Abendessen gibt es früh, so zwischen 18 und 19 Uhr – dann hat man danach noch Zeit, auf ein Bier oder eine Tasse Kaffee ins Café oder die Kneipe um die Ecke zu gehen.

Zwischen den Mahlzeiten stopfen Niederländer große Mengen an Pommes frites in sich hinein, beerdigt unter Mayonnaise oder – wenn sie wirklich hungrig sind – als *oorlog* (wörtlich „Krieg“) serviert: Dann bekommt man Ketchup und Mayonnaise und ein oder zwei weitere Soßen. Die Leidenschaft für dieses Nahrungsmittel wurde 2011 elegant mit der nationalen Neigung zur Sparsamkeit und der niederländischen Sorge um eine saubere Umwelt kombiniert, als KLM als erste Fluggesellschaft einen Transatlantikflug in einer Maschine durchführte, die ausschließlich mit Bio-Treibstoff aus gebrauchtem Frittierfett betankt war.

Ersatzweise halten Niederländer auch für einen schnellen rohen Hering an einem Kiosk an der Straße. Man isst sie, indem man den Schwanz festhält, seinen Kopf in den Nacken legt und dann den ganzen Fisch auf einmal in den Rachen sinken lässt. Eine Erfahrung, der sich wenige Ausländer freiwillig unterziehen.

›› Belgier frittieren, Deutsche pökeln, Engländer kochen und die Niederländer zerstampfen.

Gemüse töten

Belgier frittieren, Deutsche pökeln, Engländer kochen und die Niederländer zerstampfen – vor allem Kohl und Kartoffeln, aber auch Endivien und Erbsen enden zusammengestampft in einem handfesten *stamppot.* Üblicherweise von gräulich-weißer Farbe mit grünen Farbflecken und der Konsistenz halbfertigen Betongemischs wird *stamppot* mit etwas Fleischigem serviert.

In der traditionellen niederländischen Küche wird keine Mahlzeit ohne Fleisch auf den Tisch gebracht. Sogar Erbsensuppe (von der erwartet wird, dass sie so dickflüssig ist, dass der Löffel darin stehen bleibt) wird mit schwimmenden Würstchen und Speck serviert. Fisch hat den Status eines Gemüses ehrenhalber: Der „vegetarische" Teil der Menükarte eines traditionellen niederländischen Restaurants enthält ausnahmslos Kabeljau. Die Frage „Was gibt es heute zu essen?“ wird in einem niederländischen Haushalt mit „Broccoli“ oder „Spinat“ oder was auch immer das Hauptgemüse des Abends ist, beantwortet. Fleisch ist gesetzt, keine Variable.

Nicht mal Salat entgeht dem Zerstampfer. Ein niederländischer Salat besteht zu 90 % aus Kartoffeln und Mayonnaise und zu 10 % aus etwas anderem, das ihm eher den Namen als den Geschmack gibt. Daraus folgend sehen die meisten Salate cremeweiß aus und unterscheiden sich nur durch das Etikett voneinander. Innovationen auf diesem Gebiet führten mit giftgelb (Curryhühnchensalat) und blassrosa (Garnelen) zu einer Erweiterung des Spektrums.

» Die meisten Salate sehen cremeweiß aus und unterscheiden sich nur durch das Etikett voneinander.

Ausländische Aromen

„Fusion cuisine“ war in den Niederlanden bereits Jahre, bevor der Trend auch im Rest Europas ankam, Standard. Die traditionelle niederländische Küche hat sich genauso wie die niederländische Kultur als eine Art „mix-and-match“ ausländischer Einflüsse neu erfunden. Frankreich wurde zuerst geplündert, dann die früheren Kolonien in Indonesien, gefolgt vom Mittelmeerraum und dem Orient. Auch berühmte britische Köche hatten, mittels der BBC über Kabel-TV, ihren Einfluss. Es entwickelte sich eine „Neue niederländische Küche“, die solche Hochgenüsse wie Apfelcannelloni und geräucherten Aal mit einem Klecks Gänseleberpastete hervorgebracht hat.

Mutige Versuche ausländischer Küchen, sich zur Wehr zu setzen, hatten einigen Erfolg. Ethnische Restaurants sprießen aus dem Boden, sind aber dem niederländischen Geschmack angepasst. Currygerichte unterscheiden sich von Eintöpfen nur farblich und Köche von Küchenrichtungen, die für ihre Zurückhaltung bei den Portionen bekannt sind, wie die japanische, haben gelernt, größere Portionen anzubieten und mehr Fleisch hinzuzufügen. Nouvelle Cuisine war nie ein großer Erfolg in den Niederlanden. Außerdem bekam man bei diesen mickrigen Portionen einfach zu wenig für sein gutes Geld.

›› Trinken die Niederländer gerade keinen Kaffee, dann vertilgen sie eine enorme Menge an Bier.

Das bei Weitem beliebteste ausländische Essen ist die indonesische *rijsttafel*, ein persönliches Bankett aus Reis mit einer Schar an Nebengerichten, die dem niederländischen Trieb nach Schlemmerei zusagen. Die *rijsttafel* entstammt ursprünglich der Kolonialzeit, als niederländische Siedler in Indonesien die Portionen dort zu mager fanden. Erfinderische Köche reagierten darauf, indem sie den gesamten Speisevorrat auf den Tisch stellten.

Trinken

Trinken die Niederländer gerade keinen Kaffee, dann vertilgen sie eine enorme Menge an Bier, auch wenn sie dies elegant tun, indem sie aus schmalen Gläsern nippen, in die gerade mal ein oder zwei Schlucke passen. Ernsthafte Trinker nehmen mit einem zusätzlichen Schnaps die Abkürzung und nennen diese Kombination *kopstoot* („Kopfstoß“).

Jenever, der niederländische Wacholderschnaps, wurde von einem niederländischen Arzt als harntreibendes Mittel erfunden und hat noch immer einen medizinischen Geschmack. Er wird in kleinen, randvollen Gläsern serviert, sodass man den Mund zum auf dem Tisch stehenden Glas bringen muss, um das erste Schlückchen zu nehmen. Dann kippt man sich das alkoholische Nass in einem Schluck hinter die Binde. Hat man Glück, bekommt man ein *Amsterdammertje:* Kann der Wirt mit dem Rest aus der Flasche das Glas nicht gänzlich füllen, kann man es umsonst trinken und bekommt einen Nachschlag. *Jenever* gibt es *oud* (alt und milde) oder *jong* (jung und scharf) und manchmal auch in Geschmacksrichtungen wie Zitrone oder Brombeere.

›› Advocaat ist nicht jedermanns Sache: eine alkoholische Creme bestehend aus rohen Eiern und Cognac.

Advocaat ist ein eigentümliches Getränk und nicht jedermanns Sache. Es handelt sich um eine alkoholische Creme bestehend aus rohen Eiern und Cognac, wird im Glas serviert, aber am besten mit einem Löffel zu sich genommen und macht eigentlich als Soße zum Eis mehr Sinn.

Am liebsten trinkt man in einer der „braunen Kneipen", die so heißen, weil der jahrzehntelange Tabakgenuss die Wände und Decken braun verfärbt hat. An einem eiskalten Wintertag wärmen sich die Niederländer aber lieber bei einem kurzen Besuch in einem *proeflokaal* auf. Früher waren dies kostenlose Probierstuben der Jeneverhändler. Heutzutage muss man bezahlen, aber das Prozedere ist noch ziemlich das gleiche: geh rein, trink aus, geh raus.

Gesundheit & Hygiene

Unzählbare Tassen Kaffee, das häufige Knabbern an Plätzchen und Scheiben von fettigem Käse fordern ihren Tribut von Arterien und Venen. Aber auch wenn Herzerkrankungen die Nummer eins der Todesursachen in den Niederlanden sind, so sind die Niederländer doch ein zäher Haufen, der es schafft, durchschnittlich länger zu leben als alle anderen Europäer. Sie schreiben dies einer natürlichen Gesundheit zu, die sie von ihren widerstandsfähigen Bauern-Vorvätern geerbt haben, und hauen weiterhin tüchtig rein.

» **Ein niederländischer Arzt wird einem Patienten beim ersten Besuch ausnahmslos den Rat geben, zunächst einmal abzuwarten.**

Ein niederländischer Arzt wird einem Patienten beim ersten Besuch ausnahmslos den Rat geben, zunächst einmal abzuwarten und zu sehen, wie sich die Sache weiter entwickelt, der „Natur ihren Lauf zu lassen" und dem Körper die Möglichkeit zu geben, sich selbst zu heilen (scheinbar die Tatsache außer Acht lassend, dass der normale Lauf der Natur zum Tod führt, und dass es die Aufgabe des Arztes wäre, einzugreifen). Ausländer sind empört, oft zu Recht, wenn sich herausstellt, dass die Krankheit doch ernsthaft ist. Sie können sich vielleicht mit dem Gedanken trösten, dass sie sich mit ziemlicher Sicherheit selbst für diesen Beruf ausbilden lassen könnten, da in diesem auf Gleichheit beruhenden Land der Zugang zum Medizinstudium per Losverfahren statt nach Fähigkeit zugewiesen wird.

Wie die Ärzte von der von Natur aus robusten Konstitution ihrer Patienten ausgehen, so haben die niederländischen Frauen eine ähnlich natürliche Herangehensweise, wenn es um das Gebären ihrer Kinder geht. Fast die Hälfte der Babys kommt hier zu Hause auf die Welt und nur wenige niederländische Mütter bekommen während des Geburtsvorgangs Schmerzmittel oder eine Narkose. Selbst die Mütter, die ihre Kinder im Krankenhaus zur Welt bringen, werden schon nach einem oder zwei Tagen, und manchmal sogar schon nach ein paar Stunden, nach Hause geschickt. Die Natur und eine internationale Studie über Kindsgeburten befürworten dies – die Niederlande sind einer der sichersten Orte der Welt, um ein Kind zu gebären.

» Die Niederlande sind einer der sichersten Orte der Welt, um ein Kind zu gebären.

Zähne dahingegen sind das Objekt großer Sorge. Die Zahnärzte bohren und füllen. In jeder Praxis gibt es aber auch einen „Mundhygieniker“, dessen Aufgabe es ist, die altehrwürdigen niederländischen Betätigungen des Schrubbens, Schabens, Schleifens und Polierens weiterzuführen. Die Kosten summieren sich und die Krankenversicherung bezahlt nicht immer die Rechnung. Diejenigen, die Zähne als *degelijke spullen* ansehen, rücken für ein gerades, funkelndes Lächeln nach amerikanischer Art freiwillig eine Menge Geld heraus. Für viele aber dient die harte Arbeit, wie der Kampf gegen das Meer, einfach nur dazu, alles funktionsfähig und instand zu halten.

So mögen ja Stunden damit verbringen, ihr Haus zu putzen, trotzdem ziehen es die Niederländer vor, ihre persönlichen Waschungen so schnell wie möglich über die Bühne zu bringen. Duschen ist beliebter als ein Bad zu nehmen, weil es schneller geht und billiger ist. Badezimmer sind klein. In vielen könnte man gleichzeitig duschen und die Toilette benutzen, was sogar noch mehr Zeit sparen würde. Manchmal gibt es nicht einmal genügend Platz für ein Waschbecken, was einen dazu zwingt, sich in der Küche zu rasieren und auch dort die Zähne zu putzen. Das stellt in einem niederländischen Haushalt aber kein Problem dar, denn es liegt ja nie dreckiges Geschirr herum.

» Nur beim Zähneputzen lassen sich die Niederländer Zeit, denn hier wird Zeit als Investition gegen uferlos hohe Zahnarztrechnungen gesehen.

Nur beim Zähneputzen lassen sich die Niederländer Zeit, denn hier wird Zeit als Investition gegen uferlos hohe Zahnarztrechnungen gesehen. Eine ganze Armee an Bürsten, Holzstäbchen, Spiegeln an Stangen und Schabern helfen im Kampf gegen Zahnbelag und die verheerenden Auswirkungen von Koffein. Daneben stehen die Flaschen mit homöopathischen Mittelchen (von der Krankenkasse bezahlt), die der Natur ein wenig auf die Sprünge helfen, wenn sie sich allzu widerspenstig zeigt. Auch vereinzelte Trünke und Salben, die man (zusammen mit den gesunden Genen) von den bäuerlichen Vorfahren geerbt hat, kommen hier zum Vorschein. Zu den beliebtesten gehört die *uierzalf* (Eutersalbe), eine lindernde Salbe, die ursprünglich hergestellt wurde, um Kuheuter geschmeidiger zu machen.

Bräuche & Traditionen

Die Niederländer nutzen jede noch so kleine Möglichkeit, Fahnen rauszuhängen. Wichtige Fußballspiele und staatliche Feiertage bieten die besten Gründe hierfür. Straßenbahnen besitzen an der Vorderfront eine Sonderausstattung, an der der Fahrer Fähnchen für verschiedene Gelegenheiten wehen lassen kann, und die meisten Häuser sind mit Fahnenstangenhaltern ausgestattet. Selbst bei einem festlichen Picknick im Park werden Schnüre mit leuchtend farbigen Wimpeln zwischen den Bäumen aufgehängt.

›› Die Niederländer feiern den Koningsdag entsprechend ihrer Handelstradition, indem sie einen Flohmarkt veranstalten.

Der fröhlichste staatliche Feiertag ist der *Koningsdag* – der Geburtstag des Königs am 27. April. Die Niederländer feiern ihn entsprechend ihrer Handelstradition, indem sie einen riesigen Flohmarkt veranstalten. Jeder darf überall alles verkaufen (Einschränkungen gibt es bei Lebensmitteln). Nationalflaggen, großflächige, orangefarbige Tücher (für das Haus von Oranien) und hübsche Wimpel dekorieren die Gebäude. Die Kneipen verschieben ihr Geschäft nach draußen, *gezelligheid* sprengt alle Grenzen, und die Leute feiern den ganzen Tag über auf den Straßen. Obwohl Millionen auf den Beinen sind, verläuft der Tag reibungslos dank der tadellosen niederländischen Kontrolle und einem guten Gefühl dafür, wie man eine gute Zeit haben kann, ohne die Nachbarn zu verärgern.

An Silvester ist das aber eine andere Sache. Dann geht es darum, so viele Menschen wie möglich mit Feuerwerk zu erschrecken. Jugendliche lauern in dunklen Hauseingängen und schmeißen einem Kracher vor die Füße, Witzbolde verschießen ganze Boxen auf einmal und improvisieren mit Dosen und Flaschen, um den Knall noch lauter hören zu können. Selbstverstümmelungen kommen häufig vor, werden aber auch als natürliches Phänomen der Ereignisse angesehen. Um Mitternacht hängt eine Schwarzpulverwolke über dem Land und in den Niederlanden kracht und knallt es wie in einem Kriegsgebiet.

» Den Kindern wird erzählt, dass der Zwarte Piet in der Nacht kommt und sie mitnehmen wird, wenn sie ungezogen sind.

Weihnachten dagegen ist eine eher bescheidene Angelegenheit. Traditionell zieht *Sinterklaas,* der Abend vor dem Namenstag des heiligen Nikolaus am 6. Dezember, die meiste Aufmerksamkeit auf sich. Schon Wochen davor bummeln freundliche, weißhaarige Nikoläuse in Begleitung ihres Dieners, *Zwarte Piet* (Schwarzer Peter), durch die Niederlande. Der *Zwarte Piet* ist normalerweise eine Person hellerer Hautfarbe, ausgestattet mit einer gelockten Perücke und mit schwarzer Theaterschminke bemalt. Den Kindern wird erzählt, dass er in der Nacht kommt und sie mitnehmen wird, wenn sie ungezogen sind. Kurioserweise sehen die Niederländer darin nichts Beleidigendes oder Verstörendes. Talkshowgäste, die versammelt werden, um die rassistischen Implikationen zu diskutieren, beugen sich normalerweise dem Anspruch der Tradition. Versuche, den Brauch zu untergraben – Weißer Peter (eine schwarze Person mit kreideweißem Make-up), Grüner Peter (Umweltlobby) und Rosa Peter (Schwule) –, verfehlen üblicherweise ihre Wirkung. Die Leute werden den Schwarzen Peter einfach als weißes Kind „wegerklären", das die Geschenke durch den Schornstein gebracht hat.

Sinterklaas ist der Wegbereiter des Santa Claus. Der Re-Import des rundlichen Mannes in Rot am 25. Dezember hat zu einiger Verwirrung unter den niederländischen Kindern geführt, denen erzählt wird, er sei der Bruder von *Sinterklaas*. Obwohl er ein katholischer Heiliger ist, hat *Sinterklaas* selbst die inbrünstigsten protestantischen Momente der niederländischen Geschichte überlebt. Aber vielleicht ist dem ja so, weil jeder, der Geschenke bringt, ein willkommener Gast in den niederländischen Häusern ist.

›› Am Abend des 5. Dezembers versammeln sich die niederländischen Familien und essen zähe Lebkuchen.

Am Abend des 5. Dezembers versammeln sich die niederländischen Familien, essen zähe Lebkuchen und andere Mitbringsel von *Sinterklaas* und tauschen Geschenke aus. Die Geschenke sind einfach, nicht teuer und enthalten meist eine Aussage über den Charakter oder das Verhalten des Beschenkten. Sie werden von einem, vom Schenker geschriebenen Gedicht begleitet, das die Aussage unmissverständlich auf den Punkt bringt. Weniger robuste Nationen denken vielleicht, dass das Schenken eines Deodorants, mit ein paar sauber reimenden Strophen über die Waschgewohnheiten des Beschenkten, alles hat, um eine solche Szene in Tränen enden zu lassen. Für die unverblümten Niederländer ist dies jedoch das Rezept für einen ausgelassenen Abend.

Übergangsriten

Ungefähr 20 % der Niederländer leben allein. In manchen Landesteilen bestehen ungefähr 50 % der Haushalte aus Einzelpersonen und nur 12 % aus Familien mit zwei Elternteilen. Ein großer Teil lebt, ohne einem sozialen Stigma ausgesetzt zu sein, unverheiratet zusammen. Leute, die mehr als fünf Jahre zusammengelebt haben, haben dieselben sozialen und steuerlichen Vergünstigungen wie verheiratete Paare. Obwohl die Ehe als ehrbar angesehen wird, wäre es niederländischen Eltern lieber, wenn ihre Kinder erst für ein paar Jahre mit jemandem zusammenlebten, statt jung zu heiraten.

» Leute, die mehr als fünf Jahre zusammengelebt haben, haben dieselben sozialen und steuerlichen Vergünstigungen wie verheiratete Paare.

Entscheidet man sich zu heiraten, gibt es oft zwei Hochzeiten – eine im Rathaus (um den Bund rechtlich zu besiegeln) und eine in der Kirche (für die Show). Aus rechtlicher Sicht wird eine Hochzeit, die nur in der Kirche stattfindet, nicht anerkannt. Es gibt auch zwei Empfänge – ein großes, formelles Essen mit allen Gästen und eine anschließende, zügellose Feier mit engen Freunden. Wie so oft im niederländischen Leben gehen Korrektheit und Übermut Hand in Hand.

Die niederländische Direktheit schreibt vor, dass die Einladungen angeben, ob man zur zweiten Feier eingeladen ist oder nicht. Dies hat die schmerzhafteste, soziale Entscheidung zur Folge, die die meisten Niederländer jemals treffen müssen. Diejenigen, die von sich selbst dachten, enge

Freunde zu sein, könnten, wenn sie auf der falschen Seite der großen Liste landen, für immer verloren sein.

Die Niederländer sagen, dass eine Hochzeit mit Glanz beginnt und in Unterhosen endet. Dieser Satz bezieht sich nicht so sehr auf das Hochzeitspaar als vielmehr auf die Gäste der zweiten Feier. Wenn der Alkohol zu fließen beginnt, wird kräftig gesungen, die albernen Tänze gehen los und die Feier bekommt einen ausschweifenden Charakter. Ab und zu verschwinden ein paar Gäste für ein paar Minuten und kommen kostümiert zurück, um einen (anscheinend) urkomischen Sketch aufzuführen. Die Zielscheibe all dieser dramatischen Aufführungen ist das neu vermählte Paar – ihre schlechten Eigenschaften, abstoßenden Marotten und früheren Liebschaften.

» Die Niederländer sagen, dass eine Hochzeit mit Glanz beginnt und in Unterhosen endet.

Verständlicherweise werden Beerdigungen etwas ruhiger angegangen, sind aber üblicherweise recht weltlich im Ton. Familie und Freunde machen sich zum *Uitvaartcentrum* (wörtlich „Ausfahrzentrum“) auf, in dem der Verstorbene unter Musikbegleitung („My Way“ und Lieder der Sängerin Mieke Telkamp, die auch in Deutschland Hits hatte, sind langjährige Favoriten) auf die letzte Reise geschickt wird. Danach versammeln sich alle zu Kaffee und einem Stück Kuchen im Hinterzimmer. In einer würdevoll *gezelligen* Geste halten einige niederländische Ortschaften „Einsame Begräbnisse“ für diejenigen, die einsam (oder gar nicht identifiziert) verstorben sind. Angestellte der Stadt spielen Musik und lesen beim Begräbnis vor. Manchmal wird sogar ein professioneller Dichter beauftragt, eine Ode zu schreiben. Alles im Bemühen, dem einsamen Verstorbenen einen guten Abschied zu bescheren – komplett mit Blumen und, natürlich, Kaffee für den Fall, dass doch noch jemand erscheinen sollte.

Die einzige absolut unverzeihliche Sünde im niederländischen Kanon ist, einen Geburtstag zu vergessen. In jeder niederländischen Toilette hängt ein Geburtstagskalender an der Rückseite der Tür. Somit können sich alle Bewohner des Hauses sicher sein, jeden Tag daran erinnert zu werden, welche ihrer Freunde und Bekannten ihren großen Tag haben. Geburtstage sind der Dreh- und Angelpunkt des inneren Kalenders eines Niederländers und das Ritual der Feier verläuft immer auf dieselbe Art und Weise. Enge Freunde und Familie kommen zum Kaffee. Sie bringen Blumen und manchmal ein kleines Geschenk mit. Sie erwarten, dass sie im Kreis sitzen, sich höflich miteinander unterhalten, an ihrem Kaffee nippen und ein Stück Kuchen essen. Darin werden sie nicht enttäuscht werden, obwohl es schon mal sein kann, dass zur Feier des Tages ein zweites Stückchen Kuchen angeboten wird. Es werden farbenfrohe Girlanden und Wimpel über den Köpfen hängen. Ein Glas Sherry oder Port wird zum Zeichen serviert, dass die Feierlichkeiten gleich ein Ende haben.

›› In jeder niederländischen Toilette hängt ein Geburtstagskalender an der Rückseite der Tür.

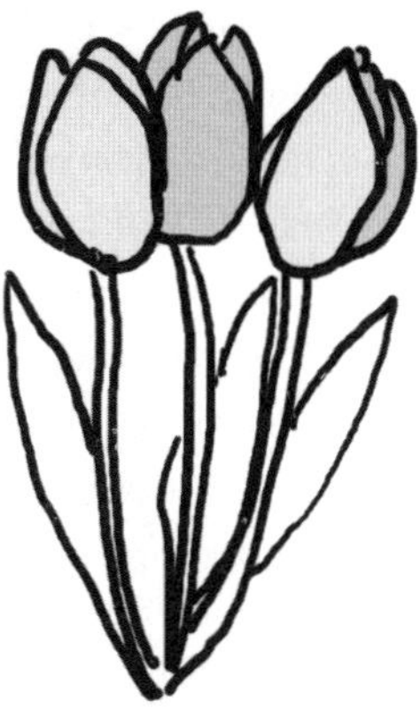

Systeme

Das niederländische Leben verläuft ziemlich effizient. Die Straßen werden gesäubert und Briefe kommen am Tag, nachdem sie aufgegeben wurden, an, ohne Umstände, einfach weil es selbstverständlich ist. Im Gegensatz zu den Deutschen prahlen die Niederländer nicht damit, dass sie diese Ordnung einhalten können, und ihre Systeme sind auch nicht, wie in England der Fall, in Tradition gefangen.

›› **Das niederländische Leben verläuft ziemlich effizient.**

Ein gutes Beispiel ist das System, das angewandt wurde, als die Rolling Stones ein improvisiertes Konzert in einer Amsterdamer Konzerthalle ankündigten, bei dem nur 1200 begierige Fans Platz hatten. Die Organisatoren ließen mitteilen, dass es drei Orte gäbe, an denen möglicherweise Eintrittskarten verkauft werden würden, aber dass es tatsächlich nur bei einem der Orte zum angegebenen Zeitpunkt Karten geben würde. Da die ausgewählten Orte weit genug auseinander lagen, wurde nicht nur eine lange Schlange an einem Ort verhindert, sondern die Zahl der Interessenten auch gleich um zwei Drittel verkürzt. Die Kartenvorverkaufsstelle, die dann mit den Glücklichen ins Geschäft kam, gab statt Eintrittskarten Armbänder aus Plastik aus, die reißen würden, sollte man sie abnehmen. Auf diese Weise konnten nur die zum Konzert, die tatsächlich den Aufwand auf sich genommen hatten, in der Schlange zu stehen – und so kam auch niemand in die Versuchung, seine Eintrittskarte mit beträchtlichem Gewinn weiterzuverkaufen (und tatsächlich hätte man ja auch nicht die Möglichkeit gehabt).

Manchmal wird das innovative System mit der Idee kombiniert, das größere mit einem kleineren Übel zu bekämpfen – wie mit den Alkoholikern, die in einem Amsterdamer Park für Ärger sorgten. Anstatt sie einzusammeln und für ein, zwei Nächte in den Knast zu werfen, gab man ihnen, verteilt über den Tag, fünf Flaschen Bier (und ein Essen, 10 Euro und einen kleinen Beutel Tabak) als Gegenleistung für die gute, harte Arbeit, den Park und das benachbarte Viertel zu säubern. Dieses Projekt wurde in der Zwischenzeit von Stadtverwaltungen weltweit übernommen.

» Die Niederländer sind der Auffassung, dass gute Organisation wert ist, was immer sie kostet.

Die Niederländer sind der Auffassung, dass gute Organisation wert ist, was immer sie kostet (auch wenn es nicht ausreicht, den Erfolg stolz zur Schau zu tragen), und Veränderungen, die alte Vorgehensweisen verbessern, werden bereitwillig akzeptiert.

Respektable Bürger nehmen an den Systemen des Lebens – öffentlich und privat – mit Aufrichtigkeit teil. Sie schreiben an der Bar an und verschwinden nicht, ohne vorher bezahlt zu haben; sie bezahlen ihre Steuern ohne allzu viel Getue und entwerten ihre Fahrkarten im öffentlichen Verkehr selbst. Jemand, der dieses Vertrauen bricht, kann damit rechnen, die volle Ladung sozialer und rechtlicher Missbilligung zu spüren zu bekommen. Schwarzfahrer (oder Graufahrer für die politisch Korrekten), die ohne gültigen Fahrschein erwischt werden, müssen an Ort und Stelle ein Bußgeld entrichten, das das Zwanzigfache des normalen Fahrpreises beträgt. Haben sie das Geld nicht – oder irgendeinen Identitätsnachweis –, werden die Türen verschlossen und alles wird stillgelegt, bis die Polizei kommt. Ehrenwerte Bürger missbilligen das dann noch stärker, weil sie zu spät kommen, und Pünktlichkeit wesentlich für einen geschmeidigen Ablauf der Dinge ist.

Die nicht ganz so freie Straße

Da die Niederlande so klein und überbevölkert sind, müssen die Straßen eben so gut wie möglich reingequetscht werden. Alle paar Meter stehen Straßenschilder, die Fahrten durch die Städte zu einem Staccato aus Bremsen und Anfahren machen und alle möglichen, sich widersprechenden Richtungen für weiter entfernte Ziele vorschlagen. Niederländer lassen sich hiervon nicht beirren: Sie wissen, dass man, hat man sich erst in das Straßennetz eingefügt, auch früher oder später an seinem Ziel ankommen wird. Verpassen sie eine Ausfahrt, gibt es ein bisschen weiter bestimmt eine andere, und ach, das gesamte Land zu durchqueren dauert etwa so lange, wie man in London oder Berlin zur Arbeit braucht. Trotzdem gibt es Anzeichen dafür, dass das Tempo des modernen Lebens seinen Tribut fordert. Aggression im Straßenverkehr ist in den Niederlanden in den letzten Jahren alarmierend angestiegen, seit sich mehr und mehr Leute ins Gedränge stürzen.

» Da die Niederlande so klein und überbevölkert sind, müssen die Straßen eben so gut wie möglich reingequetscht werden.

Bildung

Weniger als ein Drittel der niederländischen Schulkinder geht auf herkömmliche staatliche Schulen. Vielleicht ist das ja der Grund, dass die niederländischen Schulkinder nach einer Studie, ausgeführt von der Weltgesundheitsorganisation, die glücklichsten von Europa und Nordamerika sind. Die meisten gehen in Schulen, die den drei *zuilen* entsprechen: protestantisch, römisch-katholisch oder Montessori/alternativ (oder zunehmend sogenannte „schwarze" Schulen, die vor allem aus Immigrantenkindern bestehen). Obwohl diese Schulen privat betrieben werden, erhalten sie Zuschüsse vom Staat und alle Kinder legen dieselbe staatliche Abschlussprüfung ab. Die Idee einer Eliteschicht von Privatschulen ist den auf Gleichheit beruhenden Niederlanden ein Gräuel und bringt man im Namen der Bildung genügend Kinder zusammen, wird einem der niederländische Staat (unter Einhaltung der üblichen Bestimmungen, Regelungen und bürokratischen Hürden) erlauben, eine eigene Schule zu eröffnen.

›› Niederländer respektieren gute Bildung.

Eine Spezialisierung findet früh statt. Kommen die Kinder mit ungefähr zwölf Jahren in eine weiterführende Schule, werden sie in Bahnen gelenkt, die sie in Richtung Universität oder in Richtung einer Berufsausbildung leiten.

Niederländer respektieren gute Bildung und sehen diese als den ersten Schritt im Prozess, seinen Platz in der Gesellschaft einzunehmen, den eigenen Anteil der harten Arbeitslast auf sich zu nehmen und die entsprechende Belohnung dafür zu ernten. Diejenigen, die einen Universitätsabschluss erreicht haben, geben damit nicht an, genießen es aber, ihrem Namen auf der Visitenkarte ein paar Buchstaben hinzuzufügen oder auf Briefen als Drs (kurz für Doctorandus, Magister, und nicht zu verwechseln mit „Dr.", das sich solche verdient haben, die einen Doktortitel besitzen) angeschrieben zu werden. Hat man sein Jurastudium erfolgreich abgeschlossen, nennt man sich *Meester* (wörtlich Meister, abgekürzt Mr), zusätzlich zu allen anderen Titeln, die man eventuell trägt. Das trifft auch auf Frauen zu, bei denen auf der englischen Seite ihrer Visitenkarte dann stehen könnte „Mrs Mr Smit".

» Hat man sein Jurastudium erfolgreich abgeschlossen, nennt man sich Meester.

Niederländer können mit Fug und Recht behaupten, dass sie gebildet sind: Mehr als 20 % haben eine Universität oder Hochschule besucht (verglichen mit 15 % der französischen und 4 % der portugiesischen Bevölkerung). Bringt man in einer Diskussion T. S. Eliot, Nietzsche oder Proust zur Sprache, stehen die Chancen gut, dass ein Niederländer diese gelesen hat – in der Originalsprache – oder dass er wenigstens davon überzeugt ist, eine angeborene Fähigkeit zu haben, eine Meinung über sie zu äußern.

Viele Jahre lang bot die Hochschulausbildung eine willkommene Überbrückung für Schuljungen, die nicht bereit waren, direkt vom Spielplatz auf den Paradeplatz zu wechseln. 1996 wurde die Dienstpflicht in den Niederlanden aber abgeschafft. Rechtsanwälte, die sich darauf spezialisiert hatten, jungen Männern diese zu ersparen, verloren eine scheinbar immerwährende Einkommensquelle. Die Armeeoffiziere aber ergriffen schadenfroh die Gelegenheit, all die verweichlichten Regeln außer Kraft zu setzen, die Soldaten erlaubten, langes Haar oder Ohrringe zu tragen. Aber selbst hier bekam die niederländische Weigerung, das Beamtentum zu ernst zu nehmen, einen komischen Anstrich. Als Andenken wurde den letzten Dienstpflichtigen ein Walkman mit einer Kassette geschenkt, auf der ein Oberstabsfeldwebel Befehle brüllt.

Verbrechen & Strafe

Die Niederländer kombinieren zwei Qualitäten, die in den meisten anderen Ländern nicht zusammenpassen würden – geregelte Effizienz und „Laissez-faire". Italiener brechen unverhohlen Regeln, Deutsche folgen ihnen obsessiv in ihrem Drang nach Ordnung. Engländer zanken sich Ewigkeiten über noch so kleine Details irgendwelcher Bestimmungen, um sie dann buchstabengetreu zu befolgen. Niederländer hingegen werden ein Gesetz ausführen, wenn es sinnvoll erscheint, und es ignorieren, wenn dem nicht so ist. Alle Amtspersonen haben ein blindes Auge und ein permanent steifes Genick.

» Die Niederländer kombinieren zwei Qualitäten, die in den meisten anderen Ländern nicht zusammenpassen würden – geregelte Effizienz und „Laissez-faire".

Entgegen der landläufigen Meinung ist der Verkauf von Marihuana in den Niederlanden nicht erlaubt. Diese und andere Aktivitäten sind *gedoogd* – nicht legal, aber trotzdem in einigen kontrollierten Gebieten „gestattet“, um Verbrechen und Unannehmlichkeiten, die hiermit oft einhergehen, einzudämmen – ein weiteres Beispiel dafür, dass die Niederländer das größere mit dem kleineren Übel zu verhindern versuchen.

Es war nötig, das offizielle, blinde Auge noch weiter zu schließen, als im ganzen Land ein Rauchverbot in Restaurants und Kneipen in Kraft trat. Nicht Rauchen zu dürfen, nimmt einem *coffeeshop*, dessen Existenz ja darauf gründet, dass man dort Marihuana raucht, praktisch die Geschäftsgrundlage. Also wurde wieder eine Ausnahme gemacht: Rauchen in Coffeeshops wird *gedoogd*, solange dabei kein Tabak konsumiert wird.

›› In den Niederlanden liegen Prostituierte nicht mit Moralisten oder dem Gesetz im Clinch, sondern mit Feministinnen.

Genauso stimmen die meisten Niederländer darin überein, dass es schlicht und ergreifend gesunder Menschenverstand ist, Prostituierten zu erlauben, öffentlich ihrer Arbeit nachzugehen, beschützt vor Zuhältern und mit Zugang zu kostenlosen medizinischen Kontrolluntersuchungen. In den Niederlanden liegen Prostituierte nicht mit Moralisten oder dem Gesetz im Clinch, sondern mit Feministinnen, die finden, dass sie deren Sache verraten. Eine Reportage auf der Titelseite einer Zeitung empörte sich nicht darüber, dass in Amsterdam 2000 Prostituierte arbeiten, sondern darüber, dass nur 650 von ihnen Steuern bezahlen.

Als das niederländische Finanzamt beschloss, dass es an der Zeit sei, illegale Arbeiter in den Bars und Kneipen aufzuspüren, veröffentlichten die Inspekteure im Geist des Fair Play die Tage, an denen sie die „Razzien“ durchführen würden, lange im Voraus. Dies ermöglichte den kleinen Schwarzarbeitern, sich bedeckt zu halten, und bedeutete, dass nur die Einrichtungen, die die Bücher in großem Stil manipuliert hatten und dies unmöglich noch vertuschen konnten, erwischt wurden. Dazu passt auch, dass die niederländische Polizei vorab in der lokalen Presse meldet, wann und wo sie Radarfallen installiert, sodass Leute, die normalerweise nur wenige Stundenkilometer zu schnell fahren, aufpassen können, dass sie nicht doch erwischt werden.

Gefängnisse

Gefangene, die in griechischen Knästen dahinsiechen oder in britische Zellen gestopft werden, träumen von niederländischen Gefängnissen. Und dennoch sind niederländische Gefangene dafür bekannt, dass sie sich trotz Kabelfernsehen, ehelichen Besuchserlaubnissen und anderem Komfort über die unfreundlichen Gefängniswärter oder das dick machende Essen beschweren.

» Niederländische Gefängnisse sind so beliebt, dass es Wartelisten für Zellenbewerber gibt.

Niederländische Gefängnisse sind so beliebt, dass es Wartelisten für Zellenbewerber gibt. Wenn man kein besonders abscheuliches Verbrechen begangen hat, wird man eher zu einer gemeinnützigen Strafe verurteilt, oder man bekommt ein Stück Papier, mit dem man, ähnlich den Warteschlangentickets in einem Laden, in der „Schlange“ für die nächste freie Zelle landet.

Die Polizei

Die niederländische Polizei gibt es in allen Farben und Geschlechtern. Man sieht sie paarweise, gekleidet in modernen Bomberjacken und gut geschnittenen Hosen, oft auf Mountainbikes, manchmal zu Pferd, aber meist im Hintergrund präsent. Alle sind so damit beschäftigt, nachbarschaftlich, tolerant, *gezellig* und generell so wohlerzogen zu sein, dass die Polizei alle Zeit hat, Händler harter Drogen oder andere bösartige Kriminelle zu verfolgen.

» Fahrraddiebstahl ist ein nationaler Zeitvertreib.

Die liberale niederländische Haltung gegenüber Cannabis gilt nicht für harte Drogen, lockt aber „Drogentouristen" in die Niederlande. Obwohl die Niederlande bei harten Drogen die niedrigste Zahl an Abhängigen pro Kopf in Europa aufweisen, haben die großen Städte doch ein Drogenproblem, welches sich vor allem in Bagatelldiebstählen äußert. Gemäß der niederländischen Art, beide Seiten eines Problems zu betrachten, initiierte die Polizei ein Gesetz, das es verbietet, sein Auto unabgeschlossen oder unbeaufsichtigt mit dem Schlüssel im Zündschloss zu lassen.

Fahrraddiebstahl ist ein nationaler Zeitvertreib. Niederländer geben mehr Geld für schwere, scheinbar unknackbare Fahrradschlösser aus als für die Räder selbst. Wird ein Fahrrad gestohlen, ist es vor allem das Schloss, dem hinterhergetrauert wird. An ein Ersatzrad kommt man relativ einfach: Man läuft einfach auf eine

Gruppe von Leuten mit Fahrrädern zu und sagt in lautem und bestimmtem Ton: „Das ist mein Rad!“. Irgendjemand schmeißt dann bestimmt das Rad hin und rennt davon.

Die Geschäftswelt

Die Niederländer erfanden das multinationale Unternehmertum. Die V.O.C. (Vereenigde Oostindische Compagnie) war zwei Jahrhunderte lang die größte und mächtigste Handelsorganisation der Welt. Heute arbeiten bei Philips, Unilever und Royal Dutch Shell (zusammen mit noch zwei weiteren Unternehmen, die nicht so weithin bekannt sind) ein Viertel aller niederländischen Werktätigen. Und das ist nicht alles: Die Niederlande exportieren Manager, um ausländische multinationale Unternehmen zu kontrollieren. Sowohl ihre sprachlichen Fähigkeiten und ihr Verhandlungsgeschick als auch ihr Vermögen, die finanzielle Seite zu kontrollieren, treibt sie schnell an die Spitze eines Unternehmens.

» Die Niederlande exportieren Manager, um ausländische multinationale Unternehmen zu kontrollieren.

Niederländische Handelsschiffe wurden durch Lastkraftwagen ersetzt: 40 % aller internationalen Frachtwagenfahrten in Europa werden von Niederländern abgewickelt. Ganz im Zeichen ihrer handelnden Vorväter bleiben die Niederländer geschickte Mittelsmänner, die pfiffig die Produkte anderer Leute umschlagen und damit Gewinn machen. Sie importieren Chemikalien, um Dünger zu produzieren, und verwenden dann Gas (ihren einzigen Bodenschatz), um damit die Gewächshäuser aufzuheizen und anschließend die europäischen Märkte mit Tomaten, Gurken, Tulpen, Nelken, Freesien und vielem mehr zu beliefern. Über 60 % aller Schnittblumen und 50 % aller Topfpflanzen weltweit passieren die riesigen niederländischen Auktionshäuser, sogar wenn sie nicht hier gezogen wurden. Die Niederländer haben diesen Markt dermaßen im Griff, dass Bauern aus anderen Ländern ihre Blumen, um die besten Preise zu erzielen, zum Verkauf in die Niederlande schicken, von wo der Florist bei ihnen um die Ecke sie dann wieder reimportiert.

›› Sich zu sehr um Regeln und Beschränkungen zu scheren, ist schlecht für den Handel.

Die niederländische Offenheit erstreckt sich auch auf die Wirtschaft. Sich zu sehr um Regeln und Beschränkungen zu scheren, ist schlecht für den Handel – und der Finanzmarkt bildet keine Ausnahme dieser Regel. Vor Jahrhunderten war die Amsterdamsche Wisselbank (Amsterdamer Wechselbank) die größte kommerzielle Bank der Welt. Ausländische Monarchen nutzten sie, um über Kredite ihre Kriege zu finanzieren und um auf ihre alten Tage einen Notgroschen zu haben, wenn sie je die Macht verlören. Heutzutage sind effiziente Verkehrsverbindungen und die Sprachkenntnisse der Niederländer immer noch verlockend, obwohl die Steueranreize nicht mehr ganz so großzügig sind und sich ohne Vorwarnung ändern können.

Die niederländische Sparsamkeit kommt im Geschäftsleben genauso vor wie im Privatleben. Ein Geschäftsmann auf

Besuch, der Mittagessen auf Spesenabrechnungen gewohnt ist, wird in den Niederlanden furchtbar enttäuscht sein. Alles was über Kaffee und ein Käse-broodje hinausgeht, wird als unnötige Extravaganz und Zeitverschwendung angesehen. Geschäftszeiten sind zum Geschäftemachen da. Dementsprechend sind Bürogebäude bescheiden bis nüchtern eingerichtet und selbst Briefköpfe und Logos angemessen dezent gehalten.

Chefs und Arbeiter

›› Das niederländische Arbeitsleben ist wie die Landschaft eher horizontal als vertikal organisiert.

Das Schlüsselwort in einer niederländischen Firma heißt Teamwork. Das niederländische Arbeitsleben ist wie die Landschaft eher horizontal als vertikal organisiert. Kooperation, Verhandlung und Konsensus sind die Triebfeder niederländischer Firmen. Endlose Besprechungen sind das Resultat. Wie in der Kneipe bieten Besprechungen genügend Spielraum, um Meinungen auszutauschen. Der Unterschied liegt darin, dass die Sprecher bei einer Geschäftsbesprechung ihre Ansichten mit sorgfältiger und umfassender Recherche auch untermauern müssen. Dies gibt ihnen das Selbstvertrauen, ihre Meinungen mit einer Energie und Entschlossenheit auszudrücken, die auf andere Nationen einschüchternd wirken mögen. Am Ende ist es aber immer ein Geben und Nehmen. Es ist nicht das Ziel einer Besprechung, eine Minderheit zu überstimmen, sondern eine gemeinsame Entscheidung zu erreichen, die das Team zufrieden umsetzen kann. Ausländer, die einen solch unverblümten Schlagabtausch nicht gewohnt sind, werden aber unter Umständen blutend am Wegesrand zurückgelassen.

Starre Hierarchien sind das Gegenteil von Teamgeist und passen nicht in die niederländische Sichtweise einer auf Gleichheit basierenden Gesellschaft. Jeder, von der Reinigungskraft bis zum Geschäftsführer, ist ein *medewerker* – ein Mitarbeiter. In einer niederländischen Firma sind Abteilungsleiter „Koordinatoren" und obwohl Chefs unter Umständen mit *U* angesprochen werden, würde er oder sie im Leben nicht daran denken, so etwas Ähnliches wie einen Befehl zu erteilen. Kommt es zu Streiks, werden diese meist in einer möglichst *gezelligen* Art ausgeführt. Während eines Streiks bei der Bahn beschlossen die Arbeiter, dass nur die Schaffner, nicht aber die Zugführer ihre Arbeit niederlegen sollten. Dies wurde im Vorhinein überall verkündet und bedeutete, dass weiterhin Züge fuhren und die Passagiere wussten, dass sie umsonst fahren konnten. Die Streikenden machten also ihr Anliegen deutlich, ohne das öffentliche Leben zum Erliegen zu bringen, und trafen doch ihre Chefs da, wo es am meisten wehtut – in der Brieftasche.

›› Jeder, von der Reinigungskraft bis zum Geschäftsführer, ist ein medewerker.

Das Ausstechen anderer und das Zur-Schau-Tragen der individuellen Qualitäten wird die Kollegen befremden und ist nicht der richtige Weg, um befördert zu werden. Dies erreicht man durch harte Arbeit, guten Teamgeist und die richtige Bildung. Schon die Wahl, welchen Ausbildungszweig man auf der weiterführenden Schule wählt, entscheidet über die spätere Arbeitskarriere. Nur wenige schaffen es von der Werkhalle in die Buchhaltung, ganz zu schweigen von der Vorstandsetage.

Auf der anderen Seite führen Niederländer „Ehrgeiz“ (nach harter Arbeit und vor besserer Bildung) als wichtigstes Kriterium für ein Weiterkommen im Leben an. Das öffentliche Vorführen der eigenen Überlegenheit mag unakzeptabel sein, aber die ausgeklügelten Pläne und Tricks hinter den Kulissen sind in einem niederländischen Unternehmen genauso komplex und effektiv wie überall anders auch. Subtile Zeichen zeigen die Entwicklung: Die niederländische Kleiderordnung bei der Arbeit ist informell. Jeans und offene Hemden sind die akzeptierte Garderobe für Männer. Dunkle Anzüge sind dem hohen Management vorbehalten. Werden Jeans mit Sakko und Krawatte kombiniert, zeigt dies den ersten Schritt in Richtung höherer Rangordnung an. Danach werden die Jeans für korrekte Hosen aussortiert. Diese Kleidungssignale werden subtil kontrolliert. Kleidet man sich über seinem Status, entspricht das nicht dem Teamgeist.

›› Jeans und offene Hemden sind die akzeptierte Garderobe für Männer.

Auch wenn die Trennung von Arbeitern und Managern in der niederländischen Gesellschaft einem Klassensystem am nächsten kommt, sind die Beziehungen in der Industrie doch gut. Verhandlungen zwischen Arbeitnehmern und Arbeitgebern verlaufen ohne Konfrontation, können aber etwas exzentrisch werden, wenn zum Beispiel Feuerwehrleute aus

Protest gegen Kürzungen vor ihrer Feuerwehrstation strippen. Das Gesetz fordert, dass Betriebe, die mehr als 35 Mitarbeiter beschäftigen, einen *ondernemingsraad* (Betriebsrat) einsetzen müssen, der bei allen wichtigen Kurswechseln und anderen Entscheidungen, die das Personal betreffen, konsultiert werden muss. Selbst in kleineren Organisationen sind die Mitarbeiter berechtigt, zweimal im Jahr eine Zusammenkunft abzuhalten, um den Vorstand über die Führung des Unternehmens zu befragen. Außerhalb der Bürozeiten lösen sich diese Unterschiede auf und *medewerkers* ziehen gern in die Kneipe und werden *mede*-Trinker.

Regierung & Bürokratie

Im Gegensatz zu den meisten anderen Ländern, in denen die Regierungen eine entfernte und verabscheute Kaste formen, tendieren die Niederländer dazu, ihre Politiker zu respektieren und ihnen zu trauen. Kabinettsminister und Bürgermeister üben eine enorme exekutive Macht aus, doch die Niederländer sehen sie als „einen von uns", wichtige Räder in einer egalitären Maschine.

›› Die Niederländer tendieren dazu, ihre Politiker zu respektieren und ihnen zu trauen.

Dies führt zu einer sehr managerhaften Gesellschaft, in der die Autoritäten den Leuten vorschreiben können, wie sie zu leben haben (zum Beispiel, ob sie ein Haus in einem bestimmten Gebiet kaufen oder eins in einer bestimmten Größe mieten dürfen oder nicht) – und die Leute gehorchen gnädig. Politiker ändern wichtige Regeln, wie solche, die das Gesundheitswesen, den Wohnungsbau oder die Steuern betreffen, mit einer Willkür und einem Mangel an Rücksprache, die in einem anderen demokratischen Land schlichtweg nicht akzeptiert würden. Hier arrangieren sich alle damit und gehorchen still dem neuen Gesetz, als ob irgendeine „Große Mutter" sie angeleitet hat: *Doe maar gewoon* (Verhalte dich normal). In dem seltenen Fall, dass die breite Masse rebelliert – wie bei der niederländischen Ablehnung der EU-Verfassung –, schockieren sie damit nicht nur ihre politischen Führer, sondern auch sich selbst, wie Kinder, die wissen, dass sie sich ungezogen verhalten haben, und denen ihre neu entdeckte Macht Furcht einflößt.

›› Überraschenderweise spielt der König in den Niederlanden eine tatsächliche Rolle in der Regierung.

Überraschenderweise spielt der König in den Niederlanden, in denen Demokratie und Gleichheit so wichtig sind, eine tatsächliche Rolle in der Regierung. Der Souverän ist nicht nur eine Repräsentationsfigur, die gut gekleidet ausgefahren wird, um Bänder durchzuschneiden und Champagnerflaschen an Schiffsbugen zerschellen zu lassen, sondern er erscheint täglich zur Arbeit.

Kabinettsminister werden vom Monarchen bestellt und haben das Recht im Parlament zu sprechen, aber nicht abzustimmen. Das Parlament heißt *Staten-Generaal* und besteht aus einer gewählten Volksvertretung (vergleichbar mit dem deutschen Bundestag) und einer ersten Kammer (ähnlich dem deutschen Bundesrat, wenn auch anders zusammengesetzt). Die Gesetzgebung beginnt an der Spitze beim jeweils zuständigen Kabinettsminister und wird dann dem Parlament zur Zustimmung vorgelegt. Dies geschieht öfter so als anders herum. Auch in den Städten ist die Macht zentralisiert, mit Bürgermeistern, die ernannt und nicht gewählt werden und einen außerordentlich großen Einfluss haben.

» Ein alter Spruch besagt, dass, wenn man zwei Niederländer in einen Raum setzt, sie anfangen werden zu debattieren.

Ein alter Spruch besagt, dass, wenn man zwei Niederländer in einen Raum setzt, sie anfangen werden zu debattieren. Wenn man einen Dritten hinzufügt, werden sie eine neue Kirche oder Partei gründen. Die niederländische Toleranz und Überzeugung, dass jeder angehört werden sollte, führt zu einem Übermaß an politischen Parteien. Das proportionale Stimmrecht bedeutet, dass viele von ihnen auch Sitze im Parlament ergattern. Trotzdem sind die Parlamentskammern kein Ort, wo man sich zankt. Die Parlamentsmitglieder verbringen ihre Zeit nicht mit Debatten, in denen sie sich an die Kehle gehen, sondern mit der altehrwürdigen Beschäftigung, zu verhandeln, Kompromisse zu schließen und Koalitionen zu schmieden.

In der heutigen Zeit reicht eine geglückte Beteiligung sogar so weit, dass es auf einer Website für jedermann möglich ist, über Angelegenheiten, die gerade im Parlament debattiert werden, abzustimmen. Selbstverständlich hat diese Internetabstimmung keinen offiziellen Status und nachdem die wohlerzogenen Bürger einmal ihre Meinung kundgetan haben, tun sie, was ihre Regierung ihnen sagt.

Bürokratie

Für Otto Normalverbraucher kommen Toleranz und Verhandlungen mit einem einzigen Satz zu einem plötzlichen Halt: *Dat kann niet!* (Das geht nicht!). Niederländer wissen, wenn sie diesen Satz hören, ist es Zeit aufzugeben und nach Hause zu gehen. *Dat kann niet* ist die ultimative Waffe niederer Beamter und engagierter Bürokraten.

» „Dat kann niet" ist die ultimative Waffe niederer Beamter und engagierter Bürokraten.

Genauso wie Armeen zieht auch die Bürokratie auf der ganzen Welt ähnliche Typen an. Niederländer, die sich schwer tun mit der volkseigenen Neigung zur Flexibilität, träumen von einer Anstellung in den Korridoren der kleinkarierten Macht. Und wenn sie sich erstmal an einer Sache festgebissen haben, lassen sie auch nicht mehr los. Absurde bürokratische Beschränkungen beherrschen sie wie aus dem Effeff und die Amtsschimmel lernen schnell, wie sie einen völlig verwirren können. Erwischt man solch einen Amtsdiener auf dem falschen Fuß, findet ein Schlupfloch oder versucht etwas Vernunft in die Beziehung einzubringen, werden sie ein *Dat kann niet* entgegnen – und das ist endgültig.

Die Sprache

Obwohl sie geschickte Händler sind, haben es die Niederländer nie verstanden, ihre eigene Sprache zu exportieren. Das gutturale „g“ bringt potentielle Klienten dazu, etwas von Halskrankheiten zu murmeln, und wenn ausländische Lippen und Zungen versuchen, sich ein „ui“ abzugewinnen, geben sie gleich gänzlich auf. Engländer tun alles, was ihnen zu verwirrend erscheint, als „Double Dutch“ (Kauderwelsch) ab. Van Gogh wusste nur allzu gut, was für Probleme andere mit seiner Muttersprache hatten, und signierte seine Gemälde darum mit „Vincent“ – in der Hoffnung, dass Galeristen das einfacher fänden, als seinen Nachnamen auszusprechen.

›› Engländer tun alles, was ihnen zu verwirrend erscheint, als „Double Dutch“ (Kauderwelsch) ab.

Andersherum waren sich die Niederländer nie zu schade, um Wörter aus anderen Sprachen zu importieren. In den Niederlanden geht man ins *weekend*, sagt *sorry*, wenn man jemanden anrempelt, und genießt einen frisch gepressten *jus d'orange*. Niederländer sind bekanntermaßen in Fremdsprachen bewandert und schaffen es sogar, mit ihren Fehlern Verbesserungen anzubringen, wenn sie zum Beispiel von einem *„crowdy room“* (statt *„crowded room“*, ein überfüllter Raum) sprechen oder der mühsamen Arbeit des *„ironating“* von Kleidung (statt *„ironing“*, bügeln).

Doch es gibt eine Reaktion auf das Gefühl, dass das Englische die niederländische Sprache in der Wissenschaft und

Wirtschaft überschwemmt. Mit dem gesellschaftlichen Wunsch, deutlicher zu definieren, was es nun eigentlich bedeutet, Niederländer zu sein, wächst auch ein gewisser beschützender Stolz auf die eigene Sprache. Ein Minister geht sogar so weit, ein Gesetz zu fordern, dass Leute in der Öffentlichkeit keine andere Sprache mehr als Niederländisch sprechen dürfen, was bedeuten würde, dass ein marokkanischer Supermarktangestellter einen Landsmann nicht auf Berber oder Französisch ansprechen dürfte.

›› Als Napoleon die Niederlande besetzte, zwang er ihre Einwohner, Nachnamen anzunehmen.

Bisweilen empfanden die Niederländer die Unzugänglichkeit ihrer Sprache als einen durchaus praktischen Filter. Als Napoleon die Niederlande besetzte, zwang er ihre Einwohner, Nachnamen anzunehmen – etwas, woran nicht alle gedacht hatten. Die, die noch keinen hatten, mussten ruckzuck einen annehmen, und da sie dachten, dass es sich nur um eine temporäre Maßnahme handeln und dass sie wieder zu ihrer alten Lebensart zurückkehren würden, sobald die Besatzungsmacht vertrieben wäre, dachten sie sich alle möglichen, sonderbaren Namen aus, um sich auf Kosten der französischen Besatzungsbeamten lustig zu machen. Aber der Witz ging nach hinten los. Noch heute tragen Familien die Bürde solcher Nachnamen wie Naaktgeboren (nackt geboren), Hoogen-boezem (hoher Busen) oder Poepjens (Scheißer).

Varianten des Niederländischen kann man in Belgien (Flämisch oder Vlaams) und unter den Nachfahren der Boeren

Südafrikas (Afrikaans) hören. Auch wenn sie einem billige Witze über die Belgier erzählen, so beneiden die Niederländer diese doch um die sanften, melodischen Töne des Vlaams. Afrikaans klingt dagegen in niederländischen Ohren wie eine archaische Kleinkindersprache und führt beim durchschnittlichen Niederländer eher zu einem Kicheranfall.

Historisch gesehen, ist das Niederländische mit dem Deutschen verwandt, auch wenn ihm der teutonische Glanz und die Schärfe fehlt. Der Zungenschlag, der da aus den Mooren und Poldern herauswuchs, wirkt weicher, behaglicher, matschiger – eine *gezellige* Sprache eben. Die Niederländer nehmen allen Wörtern die Härte, indem sie die Diminutive *tje* und *je* hinzufügen. Dementsprechend bestellen sie in ihrer Kneipe ein *pilsje* statt ein *pils,* und der Geldautomat bittet sie, ihr *pasje* einzuführen. Freunde und Familie werden genauso behandelt. Es gibt ja auch nichts, was *gezelliger* wäre, als mit Tante Truusje bei einem *kopje koffie* zu sitzen.

EINDE

Der Autor

Rodney Bolt wurde in Afrika geboren, hatte über viele Jahre einen irischen Pass, einen britischen Führerschein und eine niederländische Aufenthaltsgenehmigung. Nachdem er in Griechenland, England und Deutschland gewohnt und gearbeitet hatte, ließ er sich in Amsterdam nieder, wo sich solch hybride Kreaturen immer noch unbemerkt bewegen und sich sogar zu Hause fühlen können. In seinem Fall sogar so sehr zu Hause, dass er 2008 die niederländische Staatsangehörigkeit annahm.

Während der 1980er-Jahre betrieb er einen Theater-Pub in London, arbeitete als Theaterdirektor, Englischlehrer, Privatlehrer, Briefsortierer und Journalist. Heutzutage verdient er seinen Lebensunterhalt mit Schreiben, unter anderem von Reiseberichten. Nachdem er es letztendlich aufgegeben hatte, dem niederländischen Verlangen, Romane zu schreiben, zu widerstehen, entwickelte er sich zu einer weiblichen Schriftstellerin. Als Britta Bolt hat er (gemeinsam mit der Strafverteidigerin Britta Böhler) die „Posthumus-Trilogie" geschrieben, eine Kriminalserie, die in Amsterdam spielt und bei der der Hauptcharakter Peter Posthumus in der städtischen Abteilung für „Einsame Begräbnisse" arbeitet.

Bolt lebt in einer Wohnung, in der die Gardinen nie zugezogen werden und in der er dem Charme vieler anderer niederländischer Gepflogenheiten und Bräuche (einschließlich eines Flaschenkratzers) erlegen ist.

Die Niederländer ...

Poste ein Bild von diesen Seiten auf Instagram unter #fremdenversteher #reiseknowhow oder auf Facebook/Reise Know-How oder schick uns eine Mail an fremdenversteher@reise-know-how.de

Außerdem von Reise Know-How:

Außer den Fremdenverstehern gibt es von Reise Know-How viele Bücher rund ums Reisen und für die weite Welt.

Reiseführer

Mehr wissen, mehr sehen, mehr erleben: Die kompletten Reisehandbücher für fast alle touristisch interessanten Länder und Gebiete. Seit 35 Jahren Antworten auf alle praktischen Fragen von A bis Z, dazu Hintergründe, Geschichte und Geschichten.

CityTrip

Die handlichen, praktischen Stadtführer mit Faltplan und Web-App für den individuellen Kurztrip. Erhältlich für alle Metropolen und die schönsten Reiseziele, aber auch für viele kleinere Städte, die es noch zu entdecken gilt.

Kauderwelsch-Sprachführer

Die Kauderwelsch-Familie umfasst neben dem handlichen Sprachführer auch den dazu passenden AusspracheTrainer (mp3-Download oder Audio-CD). Kauderwelsch-Sprachführer bieten mehr als ein reines Phrasenbuch: Die knappe Einführung in die Grammatik, die Wort-für-Wort-Übersetzungen und das Wörterverzeichnis helfen, sich schnell in der neuen Sprache zu orientieren und sie bald selbst anzuwenden. Auch gut für Auffrischer.

KulturSchock

Die Bände in der Reihe KulturSchock sind so etwas wie die großen Brüder der Fremdenversteher. Sie stellen fundiert Hintergründe dar, erklären Verhaltensweisen und bieten Orientierungshilfe im Reisealltag. Insbesondere für alle empfohlen, die sich beruflich, als Reisende oder wegen familiärer Verbindungen länger in einem anderen Land aufhalten.

... und vieles mehr auf
www.reise-know-how.de

„Die Franzosen mögen es, wenn sich die Regierung in ihr Leben einmischt. [...] der Staat ist Frankreich (wie Kochen, Wein, Frauen, das Landleben, Paris, Kultur, Kinder, Freiheit-Gleichheit-Brüderlichkeit und ihr angeborenes Recht, auf dem Zebrastreifen zu parken)."

„Es muss an einem unbewussten Masochismus liegen, dass die Italiener es aufrichtig genießen, wenn man ihre Fehler hervorhebt. [...] Allerdings wird keine Kritik je so ernst genommen, dass man sich etwa veranlasst sähe, Gegenmaßnahmen zu ergreifen."

„Japaner sind von Haus aus gesellig – Individualität und Egoismus sind genauso willkommen wie ein Sumoringer, der sich am Büffet vordrängelt. [...] In Japan möchte sich jeder von allen anderen unterscheiden und zwar auf genau die gleiche Art."

„Die Engländer sind stolz auf ihren Sinn für *fair play* und nehmen an, dass dieser auch von allen anderen anerkannt und bewundert wird. [...] Wenn also ein Engländer sein Wort bricht, sollten die Ausländer gefälligst verstehen, dass es einen zwingenden Grund dafür gibt."

„Aus schwedischer Perspektive sind die Unterschiede zwischen den nordischen Ländern gravierend. Dänemark ist horizontal, Norwegen ist vertikal, Island schmilzt weg, Finnland ist ein Labyrinth und Schweden ist atemberaubend idyllisch."

„Die USA sind ein Land, in dem sich einst Abenteurer, religiöse Fanatiker und Außenseiter niederließen (eine demographische Mischung, die sich in den letzten 400 Jahren kaum geändert hat)."

In der Reihe „Die Fremdenversteher" sind bisher erhältlich:

So sind sie, die Amerikaner	ISBN 978-3-8317-2870-1
So sind sie, die Engländer	ISBN 978-3-8317-2872-5
So sind sie, die Franzosen	ISBN 978-3-8317-2873-2
So sind sie, die Isländer	ISBN 978-3-8317-2875-6
So sind sie, die Italiener	ISBN 978-3-8317-2876-3
So sind sie, die Japaner	ISBN 978-3-8317-2877-0
So sind sie, die Niederländer	ISBN 978-3-8317-2874-9
So sind sie, die Österreicher	ISBN 978-3-8317-2878-7
So sind sie, die Polen	ISBN 978-3-8317-2879-4
So sind sie, die Schweden	ISBN 978-3-8317-2880-0

Alle Titel haben 108 Seiten und kosten 8,90 € (in Deutschland). Außerdem sind alle Titel auch als E-Book verfügbar, jeweils in den Formaten epub und mobi (für Amazon kindle).